#인간 블록체인

#인간 블록체인

초판 1쇄 발행 · 2018년 7월 2일
지은이 · 최유진
펴낸이 · 이항준
펴낸곳 · (주)법률저널
주소 서울특별시 관악구 복은4길 50 (서림동 120-32)
전화 02-874-1144
팩스 02-876-4312
등록번호 2008년 9월 26일 제15-605호
홈페이지 www.lec.co.kr

ISBN · 978-89-6336-353-0

정가 16,900원

이 도서의 국립중앙도서관 출판시도서목록(CIP)은
서지정보유통지원시스템 홈페이지(http://seoji.nl.go.kr)와
국가자료공동목록시스템(http://www.nl.go.kr/kolisnet)에서
이용하실 수 있습니다. CIP제어번호: 2014017989

#인간 블록체인

최유진 지음

Prologue

이 시대의 모든 인간블록체인들에게

인간블록체인 최 유 진

이전에 '아바타' 라는 영화가 흥행된 적이 있다. 영화를 보면 서로의 머리카락을 통해 연결을 하여 교감을 하는 장면이 아주 인상 깊다. 이는 단순히 서로를 교감하는 차원에서 벗어나 영적인 교류를 느끼게 해주는 것이다. 시대는 원시시대 같은 자연배경이었지만 트렌드는 바로 우리 사회가 원하는 커넥팅, 즉 '초연결사회' 였고 결국 이것은 우리가 앞으로 나아가야 할 길이다.

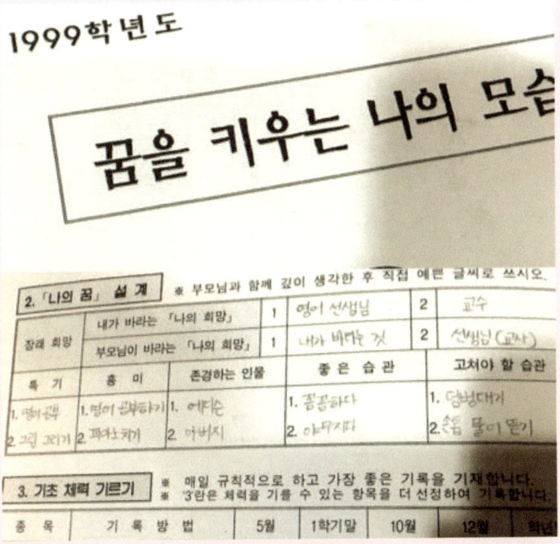
1999학년도
꿈을 키우는 나의 모습
2. 「나의 꿈」 설계
※ 부모님과 함께 깊이 생각한 후 직접 예쁜 글씨로 쓰시오.
장래 희망
내가 바라는 「나의 희망」
부모님이 바라는 「나의 희망」
특 기
흥 미
존경하는 인물
좋은 습관
고쳐야 할 습관
3. 기초 체력 기르기
※ 매일 규칙적으로 하고 가장 좋은 기록을 기재합니다.
※ '3'란은 체력을 기를 수 있는 항목을 더 선정하여 기록합니다.
종 목
기 록 방 법
5월
1학기말
10월
12월

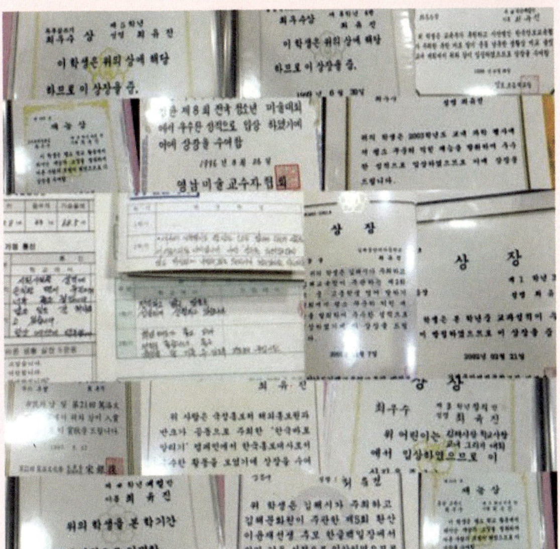

나는 어릴 때부터 엄청 다재다능했다. 초등학생 때부터 독후감, 미술, 영어 말하기 대회, 백일장, 청음 대회 등 각종 대회에서 상을 휩쓸었고 학과 성적도 우수한 '엄친딸'이었다. 특히, 영어 등 어학을 좋아했고 늘 수업시간에 써내는 '나의 꿈'도 영어선생님, 일본어교사 외국어 관련 직업이었다. 자연스럽게 영어, 일본어 등 제 2 외국어에 관심을 가지고 중학교에 진학한 나는 여중에서 경쟁을 하며 다른 또래들과 마찬가지로 방과 후에는 입시학원을 다니고 전교 1, 2등을 해보면서 성취감도 맛보았다.

그러다 비효율적으로 열정이 과하고 이것저것 관심을 가진 탓일까? 중학교 3학년 때 시험 준비를 잘 하지 못하여 원하던 외고에 진학하지 못해 방황하기 시작하여 앞으로의 내 미래와 진로에 대해서 진지하게 고민하기 시작했다.

그 당시 같이 외고 진학을 준비하던 친구들은 대부분 진학을 하였고 나는 시험에 낙방하여 진학하지 못했다는 패배감에 방황하며 "어떻게 하면 외고에 진학한 친구들보다 내 부족한 부분을 채울 수 있을까?" 늘 방법을 고민했다.

내신과 모의고사 성적 관리를 잘해서 한국외대나 국내 명문대에서 외국어 전공을 하여 글로벌한 감각을 익힐까 이런 고민도 했었지만 이미 성적이 많이 떨어진 상태에서 고등학교 2학년 때부터 부족한 부분을 노력으로 채운다고 해도 국내 명문대 진학은 터무니 없었다.

그래서 나는 나만의 강점을 발견해 개성을 살리는 결단력을 발휘했다. 내가 관리 못한 내신 성적, 모의고사 준비 등은 과감하게 포기하고 잘하는 외국어를 살려서 해외로 바로 대학을 진학하기로 했다. 글로벌 시대에 언어는 필수요. 도구로 사용해서 그 나라의 비즈니스나 다른 학문을 그 나라 언어로 배우면 2가지 이상을 배울 수 있는 일석이조라고 생각했기 때문이다. 결과는 성공적이었고, 원하는 일본 대학에 어학연수 없이 바로 진학할 수 있었다.

사실 우리나라 사람들은 부족한 점을 개선하려고 늘 애쓰는데 이러면 전체적으로 평균적인 사람이 되기 쉽다. 이건 다년간 많은 학생들, 기업들 상대로 해오고 있는 "퍼스널 브랜딩", "진로 멘토링" 강의에서 강조하는 부분인데, 자신의 강점에 더 주력하게 되면 특정 분야에서 빨리 두각을 나타내게 된다. 이것은 진리이다.

어떻게 보면, 원했던 외고에 진학하지 못해서 나만의 강점을 10대 때부터 빨리 찾아서 부각시키는 활동을 했고, 이것이 내 삶의 터닝 포인트가 되었고 지금 이 책을 쓰기까지에 이르렀다.

그동안 내가 해왔던 실속 없어 보이던 수많은 활동들이 '나만의 개성', '나만이 가지고 있는 only one' 이라는 것을 만드는 자산이 되었다. 내가 좋아해서 만들었던 부동산 경매 모임, 2030 재테크 모임, 외국어 스터디 모임 등 재능기부와 사람과 사람을 연결하고 정보를 공유하던 활동 덕분에 무엇이든 '신뢰있는 정보', '신뢰 있는 사람'을 원할 땐 나에게 연결이나 소개를 부탁하는 사람들이 늘기 시작했다.

변화는 아주 사소한 활동들에서 시작된다. 이 책은 소셜 미디어나 여러 모임에서 모임장을 맡고 활동하면서 교육부 산하 기관 등에서도 멘토링 활동을 하면서 느낀 것, 조금 더 많은 사람들에게 도움이 되고 싶다는 작은 바람에서 시작되었다.

많은 사람들에게 멘토링, 컨설팅을 해주다 보면 정작 본인 스스로가 중요하다고 생각하지 못했던 활동들이 본인만의 잠재력, 개성, 강점이 될 수 있음에도 불구하고 천편일률적이고 뻔한 사회 패러다임에 갇혀 정작 진정한 본인의 개성과 강점을 찾아서 발휘하지 못하고 억지로, 생계를 위해서 일을 하는 사람들이 안타까웠다.

남들이 다 하니까 따라하는 집단주의가 아닌, 나다움을 어떻게 활용하고 다른 사람들과 차별화를 둘 것인지 알아내고 그런 강점이 최대화 된 사람들끼리 연결된 세상이 낼 시너지는 무궁무진하다.

AI의 등장으로 내 직업이 없어질까봐 두려운가? 제4차 산업 혁명으로 모두가 앞으로 기술의 발달, 앞으로의 놀라운 미래에 대해서 알려주지만 정작 우리 스스로가 어떻게 해야 현명하게 살아남을 수 있는지에 대한 조언은 잘 해주지 않는다. 지금부터 여는 첫 장부터는 여러분들이 직업과 직업을 연결하는 인간 AI가 될 차례다.

오늘날의 세상은 격변하고 있다. 그래서 사람들은 언제까지 지금의 일을 할 수 있을지 미래의 생존가능성은 어떻게 될지 더욱 불안해한다. 하지만 이러한 때일수록 변화를 포용력 있게 받아들이고 장기적인 전략을 구상해야 승산이 있다. 위기는 항상 기회를 동반하며 하나의 산업혁명은 일자리를 빼앗는 것이 아니고 '일자리의 형태'를 바꿀 뿐이라는 사실을 기억해야 할 것이다.

이미 회계, 관리, 판매 등 많은 전통적인 직업들이 새로운 상황에 맞게 바뀌고 있다.

당신이 10년 후 사업의 방향을 고민하는 기업가라면, 10년 후 생존을 걱정하는 직장인이라면, 자녀에게 미래를 준비시키고 싶은 부모라면 이 책을 반드시 읽어야 한다. 이 책이 미래를 내다보고 당신만의 성공 기회를 발견할 수 있는 안목을 길러줄 것이다.

자녀에게 미래를 준비시키고 싶은 부모라면 코인에 투자할 것이 아니라 자녀 자신이 블록체인이 되도록 교육시키길 바란다.

이 책이 앞으로 나와 이미 연결된 분들과 앞으로 연결 될 소중한 인연들에게 미래에 나아가야 할 방향과 대안을 마련하는 데 큰 도움이 되면 좋겠다.

Contents

3장 어떻게 하면 '인간블록체인' 인재가 될 수 있는가?

4장 4차 산업혁명에 대비하는 초연결자로서의 자세

1장

4차산업혁명, 직종이 아닌 내 자신이 커넥터가 되어라!

01

유진아, 너는 직업이 뭐야?

"현재의 직업이 아니라 미래의 직업을 끊임없이 선택하라"

사람들이 나를 처음 만나면 묻는 질문이다. 아니 실제로 만나지 않아도 나의 지인의 지인들까지도 나의 직업에 대해서 궁금해 한다고 한다. 도대체 뭐하는 여자일까?

"운동하는 분이세요?"

"아니요."

"그럼 패션 쪽에 종사하시는 분이시죠?"

"아니요."

"아~ 그럼, 화장품 회사 쪽 계시죠?"

"아니요." 아무래도 화려한 이미지 때문에 이런 이야기를 많이 듣는다.

일본 증권사에 일했던 당시 사진

특히 내가 보수의 끝판왕 이라고도 할 수 있는 일본계 은행에서 근무할 때는 내가 은행을 다닌다고 하면 다들 하는 말이 "전혀 그렇게 안 생겼다" 라는 말이었다.

그렇다. 특히나 우리나라는 남들의 시선을 지나치게 의식하는 국민성을 가지고 있기 때문에 외모만 보고 "직업"을 역으로 유추했을

SKT 오전 6:49 22%

2012년 6월 30일의 일상 - 최유진 싸이홈

최유진님의 싸이홈

2012년 6월 30일의 일상

:) 부팀장입니다!

요즘 담당 회사 250개라 매일 매일 어찌 하루가 지나가는지 모르겠당.. ㅠㅠ

책임감은 더 커지고.. 그럴수록 힘내야지! :)

등록일시 2012.06.30 20:17 (업로드 2012.06.30 20:17) 댓글

때 그 직업에 걸맞지 않는 외모나 패션센스 등을 가지고 있을 때는 “나댄다”, “튄다” 등 여러 가지 오명을 쓰게 된다. 나는 그런 말을 듣고 평생을 살아왔다.

하지만, 나와 1시간 아니 30분 아니 10분만 대화를 해보면 “걸어다니는 지대넓얕(지적인 대화를 위한 넓고 얕은 지식)”, “소름돋는 기획자”, “미친 실행력”, “미친 인맥”, “대한민국 페이스북” 등 다양한 별명이 생긴다.

나도 한때는 외국계 증권사 사원, 일본계 은행 법인영업부 부팀장 등 내 직업을 특정 한 단어로만 말할 때가 있었다. 그 당시에는 잘 나가는 커리어우먼으로 대기업에 소속되어 있으면 인생이 내가 원하는 대로 승승장구 할 것 같았다. 하지만 진짜 내 인생 제 2 막의 시작은 내가 프리랜서 선언을 한 후, 사람과 사람, 정보와 정보를 연결하는 데 탁월한 재능을 발휘한 곳에서부터 시작되었고, '무엇인가 특정 직업으로 표현하는 것이 아닌 무엇이든 되고 싶은 나'를 설명하기 위해 지금은 내 스스로를 '인간블록체인'이라고 부른다.

내가 프리랜서를 선언하게 된 가장 큰 이유는 은행원으로서 여신, 수신 등 한정된 상품만 세일즈 해야 되기 때문이다. 금융 상품만으로도 충분히 다양성을 추구할 수 있는데 그 한정된 상품만으로 고객들에게 다가가야 한다는 것이 시대의 흐름에 역행한다고 생각했다. 대학생 때부터 꿈꿔온 증권-은행-보험 쪽을 모두 거친 진정한 금융 전문가의 꿈을 이루기 위해서라도 2013년 때부터 2030세대를 위한 자산관리 교육 커뮤니티를 만들어 꾸준히 운영했다. 그 뒤로 금융업계의 변화를 발 빠르게 캐치했던 덕분에 2015년에 프리랜서 선언을 해서 자유롭게 꿈과 끼를 펼칠 수 있게 되었다.

물론 안정적인 일본계 은행을 그만둔다고 했을 때, '도전을 좋아하는 너에게 어울린다.' 라고 격려해주는 사람들도 있었고, 남들이 부러워하는 좋은 직장을 박차고 자산관리사들이 가지는 사회적인 편견을 감수해가며 왜 나가냐고 쓴 소리를 하는 사람들도 많았다.

은행에 있었을 때는 '고객을 위해서'가 아닌 '은행을 위한' 일을 했고, 열심히 한 성과만큼 정당한 보상을 받을 수 없다는 점이 매력적이지 않았다.

자산관리사의 매력은 연봉이 커미션 베이스로 측정 되어 성과만큼 보상을 받을 수 있다는 점. 하지만 거저 얻어진 건 과거에도 없었고 앞으로도 없을 것이다. 자산관리사를 단순한 '보험 장사꾼' 정도로 받아들이는 사회의 편견 속에서 '라이프 스타일리스트'라고 새롭게 개념 잡아서 활동하기 시작했다.

사실 블록체인의 시대가 오기 전에는 "인간플랫폼", "최유진 플랫폼" 등 다양하게 나를 표현하고 다녔는데 블록체인의 시대가 오면서 나의 별명이 "인간블록체인"으로 바로 불려지게 되었다. 나와 같은 성향의 사람들이 각광받고 빛을 발하고 더 나아가서는 살아남을 수 있는 미래가 다가오고 있는 것이다.

'인간블록체인'의 가장 큰 매력은, 사람과 기술, 기술과 정보, 정보와 정보, 사람과 사람을 연결하면서 새로운 기회를 창조해내고 일자리가 아닌 '일거리'를 창출하고 기존에 없던 큰 가치를 만들어 낸다는 것이다.

그렇기에 나의 직업은 명사가 아니라 동사다. 지금도 끊임없이 연결하고 움직이고 있다.

02

1등만 인정받는 세상? 굳이 1등이 되어야 하나?

"한 분야의 1등이 아닌 내 자신이 플랫폼이 되어라"

Be the first? Be the best!

우리나라에선 늘 1등을 강요하고 2등은 알아주지 않아서 사람들이 '1등병'에 걸렸다. 실제로도 주변에 많은 전문직들이 실력이 있음에도 불구하고 1등이 아니고 최고가 아니라는 이유로 매너리즘에 빠지고 박탈감과 회의감을 느끼곤 한다.

금메달이 아닌 은메달은 인정해주지 않는 풍토 때문에 뭘 해도 1위가 아니면 의미가 없다고 생각하고 많은 사람들이 충분히 멋있고 아름다움에도 불구하고 자기 자신에 대하여 부족함을 느끼는 것이다.

실제로 내가 업무적으로 만난 전문직이나 성공한 사람들 중에서도 자신의 능력이나 성취를 의심하며 늘 불안해하는 사람들이 많았다. 어릴 때부터 공부를 잘했고, 현재 돈도 잘 벌고, 다른 면에서도 모

작년은 좀 열심히 했더니..

학점이 좋아서 장학금 추가로 더 받았음 꺙!

댓글

5

올해는 인센티브에 학비 감면에 장학금까지니깐..

거의 1,100,000 JPY !!!!!!!!! 지금 환율로 1400만원 정도!!

물론 대학교 학창시절 때는 1등을 해보면 좋다.
일본대학교 생활 때 장학금을 받아서 많은 돈을 아낄 수 있었다.

자랄 게 없어 보이는 사람들인데 늘 쫓기며 산다. 왠지 모를 불안과 초조함에 잠을 못 이루거나 심한 경우 술을 마셔야만 잠을 이룬다는 사람들도 있다. 이들은 어릴 때 대부분 '1등을 하지 못하면 쓸모가 없다', '원하는 대학에 가지 못하면 부모님께 혼날 거야' 등 성공한 사람들의 뒤에는 헌신적인 부모도 있지만 이처럼 강박증을 심어놓을 정도로 자녀에게 불안을 강조하는 경우도 있다. 물론, 부모는 그런 영향을 끼치지 않았는데 자녀 혼자 그런 생각에 빠지는 경우도 많다.

사회생활에는 객관식처럼 정답이 없다. 뚜렷한 성적표나 인기투표 등 정량적인 지표가 없기 때문에 자신의 가치를 스스로 인정하거나 그 가치를 느끼기는 더 어렵다.

그러나 1등에 대한 스트레스를 받을 필요는 없다.

앞으로의 시대는 한 분야에서 최고가 되는 것이 아니라 내가 살아남을 수 있는 '틈새'를 보는 사람이 성공한다.

4차 산업혁명과 함께 미래를 주도할 사업은 플랫폼 사업이다. 기업이 어떤 플랫폼 전략을 세우느냐에 따라서 기업의 브랜드 가치도 달라지고 지속가능성도 달라진다.

플랫폼은 정보의 우위를 차지하며 계속해서 진화하고, 그 영역도 계속 확장할 것이다. 플랫폼을 통해 사람과 사람이 연결되고, 정보와 정보가 연결되어 결국 모든 것이 다시 연결된다.

현재는 플랫폼을 활용하여 정보와 사람이 연결되지만 앞으로 자신만의 브랜딩과 각 분야에서 살아남는 존재가 되기 위해서 사람이 플랫폼 역할을 해야 하는 시대가 도래할 것이다.

결국 1등이라는 결과가 아닌, '플랫폼화 되어가는 나'라는 과정이 중요한데, 이렇게 과정에 집중하는 사람은 '지금 이 순간의 나'에게 온전히 집중할 수 있다. 하루하루 최선을 다하기 때문에 결과가 나쁘더라도 상처가 적다.

자존감은 '내가 내 마음에 얼마나 드는가'에 대한 답이다. 그러기 위해선 타인의 평가가 아닌 '자신의 평가'에 집중해야 한다. 자존감은 완벽할 때 오는 것이 아니라 완벽함을 포기할 때 오는 것이다. 완벽하지 않은 결과를 내는 자신을 용납하고 품을 자신이 없기 때문에 아예 결과를 도출해내는 것을 미루는 성향을 가진 사람들은 완벽하지 않아도 좋으니 마무리가 완벽하지 않아도 자존감에 상처를 받을 수 있다는 마음가짐으로 시작하는 것도 좋다.

이제는 자신만의 네트워킹과 정보를 잘 활용하여 플랫폼 역할을 하는 것만으로도 성공할 수 있는 시대이다. 변화하는 시대에 살아남기 위해서는 우리도 발맞춰 움직여야 하고, 새로운 것들에 예민하게 반응해야 한다. 플랫폼 시대, 초연결 사회에서 인재가 되기 위해 한 분야에서 1등이 아닌, 어떤 것을 준비해야 할까 고민해 봐야 한다.

03

우리가 슈퍼커넥터가 되어야 하는 이유

과연 시대가 원하는 인재상은 어떻게 변화하는가? 그리고 우리는 지금부터 무엇을 어떻게 준비할 것인가에 민감하게 반응하라.

관종(관심종결자를 줄인 말로, 주위에 관심 끌기 좋아하는 사람을 뜻함). 해당 신조어는 SNS에서 생겨났다. SNS는 자신의 일상이나 생각을 공유하는 환경이다. 하지만 몇 년 전부터 과도하게 관심을 끌기 위한 글이나 사진을 올리면서 도의적인 선을 넘는 경우가 발생했다. 이들을 일컬어 '관종'이라고 부르게 됐다.

그런데 나는 활발하게 SNS 활동을 하면서 나 스스로를 사람들에게 당당히 '관종'이라고 말하고 다녔다. 내가 말하는 관종의 의미는 제발 나를 봐달라는 것이 아닌, 타인에게 좋은 영향을 끼치는 사람이 되자는 뚜렷한 목적이 있다. 현대판 홍익인간인 것이다.

흔히 우리가 SNS를 하게 되면 영향을 크게 미치는 스타들을 보게 된다. 이전에는 파워블로거라고 불리었던 집단들이 지금은 거의 사라지고 많은 기업들이 SNS의 슈퍼커넥터들에게 시선을 집중하고 있다.

'슈퍼커넥터'란 일명 SNS 뿐 아니라 주변 지인들에게 큰 영향력을 끼치는 사용자를 말하며 그들이 올리는 콘텐츠는 엄청나게 빠른 속도로 지인들 및 팔로워들에게 노출된다. 또한 그 입소문 효과가 매우 크기 때문에 최근 많은 기업들이 이러한 슈퍼커넥터들을 주목하고 있다.

이렇게 요즘 영향력을 끼치는 사람들의 특징은 전문가로서 경험, 지식, 업적이 딱히 없더라도 온라인상에서 강력한 파워를 지니고 있다. 하지만 콘텐츠가 없는 막연한 신뢰감은 군중심리에 지나지 않고 금방 팬이 떨어져나가기 십상이다.

핵심은 바로 남다른 내용물, '콘텐츠' 이다.

나 또한 SNS상에서 내가 하고 있는 다양한 활동들을 업로드하고 있으며 '나' 라는 사람의 콘텐츠를 항상 트렌드에 맞춰서 발 빠르게 변화시켰다. 또한 원래 오지라퍼의 성향을 가지고 있는 내 특성상 나의 지인들에게 정확한 정보를 주고 싶고 신뢰할 수 있는 인맥을 연결시켜 주고 싶었던 마음을 가졌고 그것을 표현할 뿐이었는데 어느새인가 기업컨설팅 및 라이프스타일 컨설팅의 해결사가 되어 있었다.

단순히 비즈니스 문의가 아니라 "유진씨 뭐 먹어요, 뭐 입어요, 무슨 운동해요? 어떻게 투자해요?" 등의 내가 하는 모든 사소한 것들을 궁금해 하고 "최유진이면 믿을 수 있다." 라는 신뢰의 아이콘이 되어있었다.

이 또한 내가 현재 사회가 원하는 인재상이 무엇인지에 대해 빠른 대응을 한 결과이다. 내가 누리는 많은 혜택과 비즈니스 확장성을 많은 이들에게 권해보았지만 지레 겁을 먹고 "유진아 너니까 가능한 일이야. 나같이 평범한 사람은 불가능해" 라는 답변이 많았다. 하지만 이런 트렌드에 반영된 나만이 가진 캐릭터와 내용물을 연결된 인맥들 및 온라인 상 커넥트 된 많은 이들에게 함께 정보를 공유하고 함께 이익을 얻는 방향으로 간다면 나 자신이 플랫폼이 되는 것은 그리 어려운 일이 아니다.

인간블록체인, 당신의 이름으로 불리고 싶은가?
아니면 타인의 이름으로 부를 것인가?

CONTENT

04

직업이 명사? 동사가 되어라

"꿈은 직업이 아닌 어떠한 삶을 사느냐이다.
따라서 명사가 아닌 동사로 꾸준히 새로운 것을 해나갈 수 있다."

어릴 때부터 우리는 직업관에 대해서는 "명사"로 표현되는 직업을 선택해야 한다고 배우고 자랐다. 그러기 위해서 우리의 적성이 정확히 무엇인지는 모르겠지만 옆집 영희와 철수가 하니까 '나도 안하면 뒤쳐진다' 라는 생각을 가지고 따라하는 경우가 대부분이었다. 아니 실제로 우리가 원해서라기보다는 부모님이 정해주는 스케줄대로 움직이는 경우가 많았다.

이러한 집단주의의 폐해로 적성은 둘째 치고 피아노 학원, 미술 학원, 태권도 학원 등 다들 안 다녀 본 학원이 없다. 물론 그렇게 다양하게 경험을 하다가 본인의 적성을 찾고 "명사"로 된 직업을 찾아서 행복하게 자아실현을 하고 있는 사람도 있지만, 앞으로 다가올 시대는 현재 내가 가지고 있는 그 직업이 조만간 인공지능으로 대체될 수 있다는 불안감과 살아남으려면 남들과 달라야 하는 강박적인 분위기가 형성되고 있다.

우리는 변화의 물결에 살고 있다. 이러한 환경에서 당신은 어떤 사람이 될 것인가? 4차 산업혁명이라는 신조어에 놀라고, 언론에서 쏟아져 나오는 경고에 휩쓸리며 아무것도 하지 않고 기다릴 것인가, 아니면 변화하는 세상에서 보는 눈을 키워 좀 더 준비된 인재, 나의 지식과 능력을 연결하여 새 시대의 주인공이 되는 사람이 될 것인가?

사실 이런 시대의 변화가 있기 전에는 나는 혹자들이 아니꼬운 시선으로 보기 쉬운 위치에 있었다. 흔히 말하는 '팔방미인'의 사전적인 의미는 크게 4가지로 나뉜다.

① 어느 모로 보나 아름다운 미인
② 누구에게나 두루 곱게 보이는 방법으로 처세하는 사람
③ 여러 방면의 일에 능통한 사람
④ 아무 일에나 조금씩 손대는 사람

다재다능한 팔방미인은 칭찬을 받기도 하지만 한 곳에 집중하지 못하고 여러 곳에 손대고 연결되다 보니 아무래도 아니꼬운 시선으로 바라보는 사람들도 적지 않다.

우리는 중학교 교과과정에서 배웠던 '기회주의자'를 신랄하게

비판하는 소설 '꺼삐딴리'를 기억하고 있을 것이다. 어릴 때부터 남달랐던 나는 시험지 모범답안에서는 소설 속 이인국 박사를 비판하는 것이 당연한 것이라서 순응했지만, 점점 더 어른이 되어가니 이인국 박사가 정말 나쁜 사람인가? 시대를 너무 앞서가진 않았나? 이런 생각이 들었다.

물론 실제 소설이 주고자 한 시사점은 숱한 침략에 의해 수난의 역사만 거듭해온 우리 민족의 단면을 '이인국'이라는 인물에 투영해 '기회주의자'인 이인국을 무조건적으로 비판한다기 보다는 안타까운 우리네 역사를 대변하고 싶었을 것이다.

'꺼삐딴리' 그는 탁월한 국제감각을 가진 엘리트다. 일제강점기에 제국대학 의학부를 졸업할 정도로 탄탄한 스펙을 갖춘 데다 외국어에도 관심이 많다. 외국의 힘센 자들은 자신의 필요를 충족시켜주는 그에게 늘 힘을 실어줬다.

달면 삼키고 쓰면 뱉는 인간성도 요새 같으면 변화에 적응하는 탁월한 융통성으로 포장될 수 있을 것이다. 이인국은 기회가 왔을 때 망설임 없이 편을 갈아탔고, 그렇게 선택한 결과는 언제나 볕이 잘 드는 양지였다. 일제 시대에는 일본과, 광복 직후 북한에 소련군이 진주했을 때는 소련과, 6·25전쟁 때 월남한 후에는 미국과 가깝게 지내면서 권세를 유지했다. 치명적인 문제는 그의 머릿속엔 조국이 손톱만큼도 없었다는 것이다. 늘 외세가 먼저였다. 그래서 꺼삐딴리는 한국에서 카멜레온 같은 기회주의자 또는 줏대 없는 사대주의자의 대명사다.

내가 여기서 말하고 싶은 점은, '꺼삐딴리'의 줏대 없는 사대주의, 이기적인 처세술을 배우자는 것이 아니라, 시대를 앞서간 국제감각을 가진 엘리트가 되고, 초연결사회에 걸맞는 인재가 되어 글로벌 사회를 살아가는 데 처세를 잘 하자는 것이다.

세상만사 일장일단. 사람, 정보 모든 것이 장점이 있으면 단점이 있고 세상에 완벽한 것은 하나도 없다. 그렇기 때문에 초연결사회에서 더 중요한 핵심 스킬 중 하나는 수많은 사람, 정보들 중에서 장점을 잘 캐치하고 연결해서 무에서 유를 창조해 내는 능력이다.

오늘날 우리는 이런 사람들을 아래와 같이 이야기한다.

'엑스퍼트 제너럴리스트'

과거에는 전문성을 강조했으나, 그 결과 비슷한 전문가들이 많아져 경쟁력이 약해졌고 기업이 한 분야 전문가만 고용하는 것에 익숙해지면 오히려 넓은 시야를 가진 제너럴리스트와 상대적으로 비교되게 되었다. 종합적 시야를 가지고 있는 제너럴리스트는 스페셜리스트보다 더 상위 랭크에 위치하게 된다.

회사 조직 생활에서 제너럴리스트와 스페셜리스트를 비교하면, 제너럴리스트는 조직 내의 다양한 부문을 경험하고 지식을 습득하는 사람이고, 스페셜리스트는 자신만의 전문 지식을 가진 사람이다.

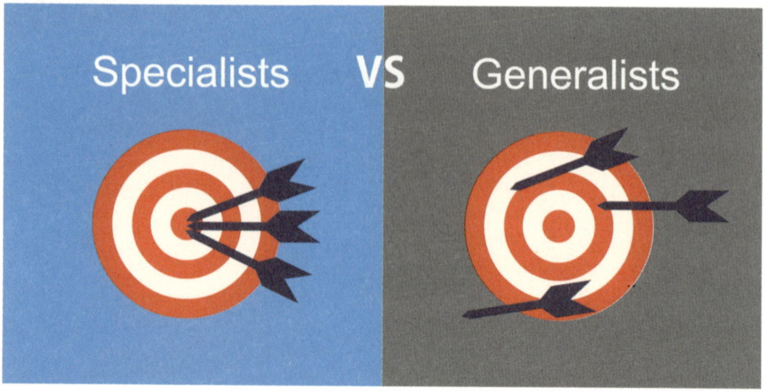

사회에서는 당연히 두 유형의 사람이 모두 필요하고 각자의 장·단점이 있다.

제너럴리스트는 다양한 분야의 지식을 연결하여 어떤 분야든 새로운 가치를 창출해 낸다. 또한, 문제가 생겼을 때 이에 대한 대안을 비교적 쉽게 도출해 낼 수 있다. 하지만 스페셜리스트에 비해 한 전문 분야의 지식이 부족할 수 있으며, 일을 진행할 때 다양한 방면을 생각하고 확인하느라 시간이 더 걸릴 수 있다.

반면, 스페셜리스트는 전문 분야에서는 누구보다 깊은 지식을 가지고 있다. 그래서 자신의 능력과 지식으로 가치를 창출할 수 있지만, 전문 분야가 아닌 다른 분야로의 확장이나 이직이 어려울 수 있다. 또한, 일의 진행에 문제가 생기면 대체해서 업무를 할 만한 사람을 찾기가 어렵다. 전문가는 전문성이 장점이지만, 활동할 수 있는 시장이나 입지가 좁아 단점으로 작용할 수 있다.

요즘은 스페셜리스트만 인정받는 것은 아니다. 그렇다고 해서 이 세상에 제너럴리스트만 필요하다는 말도 아니다.

시대가 변하면서 사회가 요구하는 인재상도 변하고 있다.

20세기 초에는 여러 직무 경험이 있는 제너럴리스트를 원했고, 이후에는 한 분야의 전문 지식을 가지고 있는 전문가를 원했다. 그에 따라 대학 내 인기 과목이나, 전공, 취업 트렌드도 변해왔다.

사회가 급변하면서 한 분야의 지식으로는 해결할 수 없는 복잡하고도 다양한 문제가 넘쳐나는 시대가 되었다. 이에 따라 다양한 분야의 경험과 지식을 통합해 융합하는 '융합적 인재', 창의적인 아이디어를 만들어 내는 인재가 조명을 받고 있다. 바로 그 융합형 인재가 위의 그림에서 보여주는 *'The Expert Generalist'* 인 것이다.

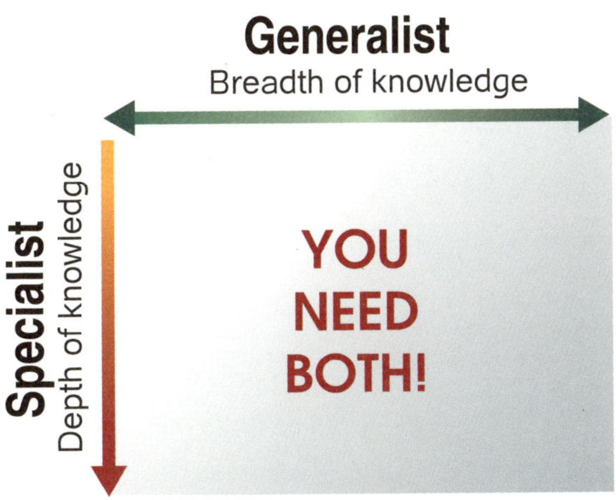

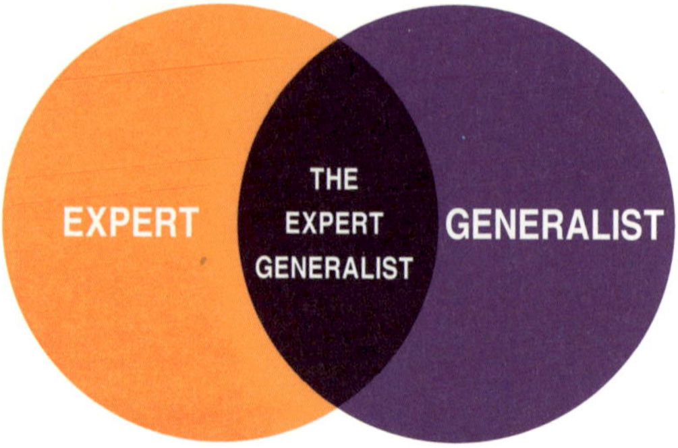

현재 전 세계의 주목받는 리더들은 대부분 제너럴리스트 군에 속하는 스페셜리스트들이다. 나만의 전문성을 가지고, 다른 분야나 업무를 파악하거나 의견을 포용할 줄 아는 넓은 시야를 가진 인재, 제너럴리스트군의 스페셜리스트가 진정한 리더로 인정받고 있다.

나 또한 대학 때 전공한 금융이라는 기반을 가지고 다양한 사회활동을 통하여 금융 뿐 아니라 패션, 교육, 진로상담, 멘토링, 마케팅, 엔터테인먼트 등 정말 다양한 분야에서 활동하고 있다.

지식의 범위를 넓히면 기회의 범위도 넓어진다. 다방면의 지식과 경험은 나만의 경쟁력을 찾아내고, 창의적 사고를 하는 데 발판이 되어줄 것이다. 지금 우리는 '한쪽으로 치우친 인재로 성장하고 있는 것은 아닌지' 스스로에게 물어봐야 한다.

또한, 꿈은 정지된 것이 아니라 움직이는 것. 꿈은 진행형이고 움직여야 한다. 가만히 앉아서 생각만 할 것이 아니라 행동을 해야 한다. '하고 싶다는 생각'만 하는 것이 아니라 '할 수 있는 환경'을 스스로 만들어 나가야 한다는 뜻이다. 말 그대로 시작이 반이다. 내가 움직이는 순간, 꿈을 이룰 수 있는 성공 확률을 반 이상 보장받지만, 행동하지 않는 꿈은 이룰 수 없는 것이 되어 버린다. 마음속에 오랫동안 간직한다고 해서 그 꿈의 성공 확률이 결코 높아지지 않는다는 이야기다. 그러기 위해서는 나와 닮은 목표를 가진 사람들을 만나야 한다. 기존에 내가 자주 가는 장소를 바꾸고 환경을 과감하게 바꿔 볼 필요가 있다. 이미 정보의 쓰나미 속에서 살고있는 우리에게 정보가 없어서 혹은 기회가 없어서라는 핑계는 더 이상 통하지 않는다. 검색만 해 보아도 각종 모임, 동호회, 소규모 클래스는 넘쳐 흐른다. 내가 원하는 분야의 사람들과 자주 접할 수 있도록 적극적으로 움직여야 한다. 그게 내 꿈을 이루는 시작이다.

여러분의 직업을 명사가 아닌 동사로 멈춰있는 것이 아닌 진행하고 있는 유기체로 바꾸려면 시간을 달리 쓰고, 사는 곳을 바꾸고, 새로운 사람을 늘 만나서 연결하라.

05

나만의 온라인 팬을 가져라

온라인상에서 권위를 가져라.
내가 가진 콘텐츠를
'내 입보다는 팬들의 입에서' 더 많이 나오도록 해라.

인간블록체인이 되기 위해 반드시 필요한 조건은 바로 온라인상에서의 '권위'이다. 내 입으로 말하기는 부끄럽지만 실제로 나는 금융권에서 "최유진"이라는 이름을 말했을 때 모르는 사람이 없을 정도로 알려져 있다.

좋은 이미지던지 나쁜 이미지던지 나에 대한 관심은 정말 고마운 일이다. 온라인상에서 호감도를 높이는 것은 영향력 있는 사람이 되기 위해서 반드시 필요한 과정이다.

온라인에서 매력적인 사람은 영향력 또한 높으며 당당하고 자신감 있게 자신의 사생활을 온라인상에 올려서 자신의 개인적인 삶으로 남을 끌어들이는 것이 좋다.

나 또한 한참 SNS에서 열심히 활동을 할 때는 "금융, 경제, 비즈니스 관련 책 읽어주는 여자" 라는 컨셉으로 어려울 수 있는 금융서적을 쉽고 사이다처럼 정리해서 소통하는 라이브 방송을 많이 진행했었는데 아주 좋은 반응이 많았고 실제로 그때를 기점으로 많은 온라인 팬이 생성되었다.

이렇듯 자신만의 콘텐츠를 만들면 다양한 수단으로 표현하여 알리는 것이 중요하다.

가장 좋은 PR방법은 '입에서 입으로의 방법'이다. 남이 나를 언급하고, 특징지어 주는 것이 좋다. 직접적으로 내 입으로 언급하는 것보다는 자신의 브랜드와 관련된 정보를 남이 자주 언급하거나 그와 관련된 사람에 대해 언급하는 것도 자신을 알릴 수 있는 방법이다.

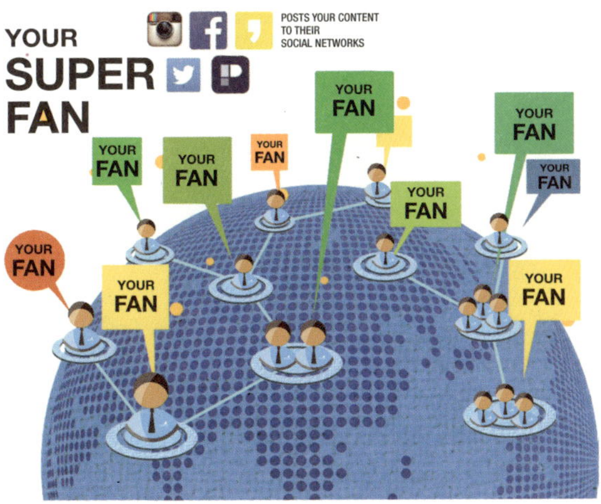

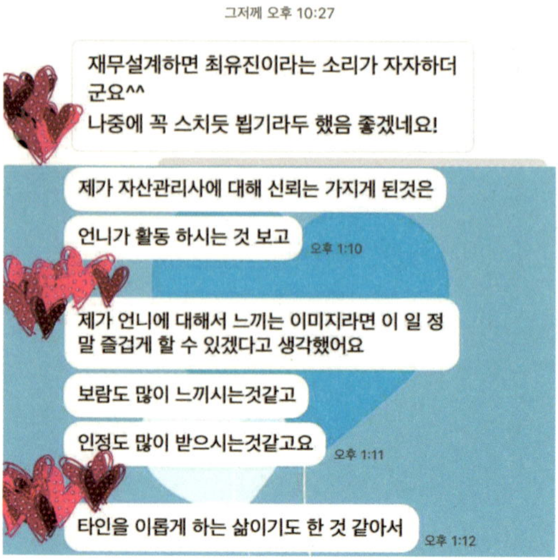

그렇기에 온전하게 나의 콘텐츠를 강력하게 사랑해주는 온라인 팬이 있어야 한다. 가끔은 엉뚱한 이야기로 자신을 강하게 각인시킬 수도 있다. 단, 직접적으로 과도하게 떠벌리는 것은 오히려 부정적 효과를 줄 수도 있으므로 유의해야 한다.

팬들이 곧 빅데이터다.

'빅데이터 분석'에 의한 의사결정은 믿고 싶은 것만 믿음, 회수 불가능한 것에 집착, 처음 생각에 고정하는 등 의사결정 과정에서 발생하기 쉬운 편견을 해소시켜준다.

요즘 스마트한 비즈니스를 위한 기업의 의사결정에서 '빅데이터 분석'은 간과할 수 없는 트렌드이다.

진정한 나의 강점을 찾아가고 브랜딩 해나가는 과정에서 나의 팬들이 내가 더 빠르고 경쟁력 있게 성장할 수 있게 만드는 응원도 격려도 때로는 쓴소리로 냉정한 피드백도 줄 수 있어서 4사산업혁명 시대에 빠르고 더 나은 의사결정을 하게 해주는 든든한 사람들이 될 것이다.

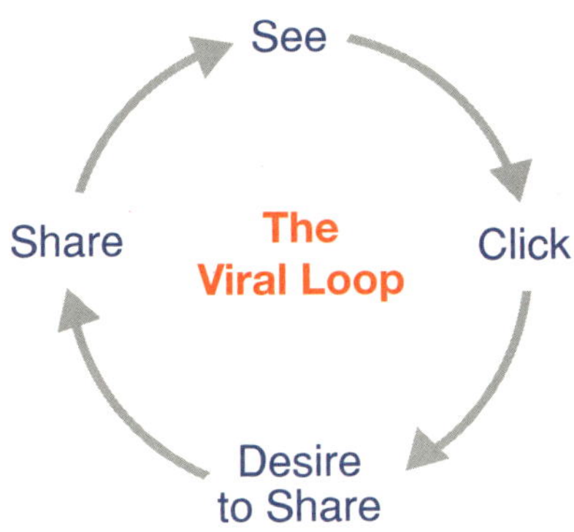

06

왜 커넥터와 블록체인인가?

커넥터 + 블록체인 기술 = 인간블록체인
사람과 사람, 정보와 정보를 연결하여
돈으로 바꾸는 기술이 여기에 있다.

제4차 산업혁명 핵심 기술 중 하나가 바로 '블록체인'이다. 블록체인이 글로벌 은행의 심장부로 침투하여 금융 산업의 패러다임을 저격할 태세를 갖추고 있다. 블록체인은 네트워크 내 모든 참여자가 공동으로 거래 정보를 검증하고 기록하고 보관해 공인된 제3자 없이도 기록의 신뢰성을 확보할 수 있는 탈중앙화 된 전자장부로, 이미 비트코인과 같은 암호화폐 또는 스마트 계약에 적용되고 있다.

세간에서는 한국에서 블록체인 기술의 도입은 시기상조라고 하기도 하는데 제4차 산업혁명 물결이 기하급수적으로 빨라지고 있는 요즘에 시기상조라는 말 자체가 어불성설이다. 이미 다른 나라들은 우리나라보다 발 빠르게 기술의 파급력을 인지하고 받아들이고 있다.

시기는 빠르면 빠를수록 좋다. 매도 먼저 맞는 것이 좋다. 당연히 블록체인 기술과 연결되는 코인 이코노미에서 가격 변동성이 시장 초입에서 잡히지 않는 것은 당연하다. 우리나라가 이런 것을 두려워하고 소극적으로 대응한다고 해서 나중에 이미 전세계가 다 하고 있을 때 늦게 시작한다면 급격한 변동성 없이 대응할 수 있는 방법은 없다. 다른 나라와 속도를 맞추고 대응해 퍼블릭 블록체인 기술로 계약이나 신뢰에 대한 검증이 훨씬 손쉽게 이뤄지면 금융기관이나 공공기관 등의 여러 분야에 그 기술을 적용시키는 플랫폼 제공이 가능하며, 전 세계를 대상으로 수출도 가능해져 제4차 산업혁명 경쟁에서 유리한 입지를 확보할 수 있고 자원이 부족한 우리나라의 국가 경쟁력을 퀀텀 점프 할 수 있는 좋은 기회가 될 것이다.

이미 금융회사가 블록체인 기술을 도입하기 시작했으며, 관련 업계에 종사하는 은행원, 펀드매니저 등이 줄줄이 일자리를 잃게 됐고 앞으로 더 많이 잃게 될 전망이다.

나도 2016년부터 경제방송에서 금과 비트코인을 비교하며 암호화폐와 블록체인의 미래에 대해서 줄곧 말해왔는데, 실제로 전 세계 국가의 핵심 투자자들에게 안전한 피난처 통화로 금 대신 비트코인이 부상하고 있는 중이다. 보통 대내외 불확실성이 높아지면 안전자산으로 여겨지는 금값이 치솟는데 앞으로의 미래에서는 아무도 금을 사지 않게 될 것이라는 극단적인 전망도 나오고 있다. 미래 금융 시스템인 비트코인이 금보다 훨씬 더 매력적이기 때문이다.

내가 2017년부터 지금까지 가장 많이 듣고 있는 질문이 "앞으로 비트코인이 더 많이 오를까요?" 라는 질문이다. 이미 테러나 지진 등 여러 가지 지정학적 리스크, 자연재해가 발생하면 비트코인으로 사람들이 몰리는 현상이 나타나고 있다. 시간이 지나면 비트코인 같은 검증되고 네임밸류가 높은 디지털 글로벌 통화는 현금이나 금, 다이아몬드, 심지어 다른 디지털 국가 통화보다 훨씬 유용해질 것이다.

디지털 통화, 코인 경제가 만들어 내는 네트워크 효과이다. 이것은 내가 계속 강조하는 '커넥터'와도 같은 맥락이다. 한 미래학자는 앞으로 주식시장은 30년 후에 사라지고, 주택 절벽, 부동산 절벽으로 투자할 곳은 주식 시장을 대체하는 ICO, 코인 시장 밖에 없을

것이라고도 얘기한다. 기존에 많은 사람들이 강조하는 연결에서 내가 좀 더 경쟁력 있는 인재가 되기 위함으로서 커넥터, 슈퍼커넥터라는 키워드가 아닌 '인간블록체인'이라는 키워드를 만들어 낸 이유는 바로 여기에 있다.

내가 방송에서도 얘기했듯 이미 삼성SDS, LG CNS, SK텔레콤, KOLON ECO ONE 등 국내 대기업에서 블록체인 기술을 다수 적용하고 있고 나 또한 블록체인 기술 프로젝트에 여럿 참여하고 있다.

내가 이사로 몸을 담고 있는 블록체인 기술 전문 개발사 (주)핸키앤파트너스는 블록체인의 '공정성', '신뢰성', '보안성' 등 기술의 장점을 바탕으로 세상에 긍정적인 영향을 주고자 설립된 회사이다. 현재 이 회사는 블록체인 기술이 적용될 수 있는 세 가지 프로젝트를 진행하고 있는데, 첫 프로젝트로 농심 그룹의 자회사이자 IT 기술 회사인 '(주)엔디에스'(농심데이타시스템)와 블록체인 기술 지원에 대한 업무 협약을 체결한 바 있으며 양사가 협업하여 자격증에 대한 발급, 인증 솔루션을 블록체인 기술로 구축하고 있다.

두번째로 내가 참여하고 있는 프로젝트에는 'Smart Contract' 개념을 확장하여 개인 간의 거래에서 유용하게 활용 가능한 장점을 활용하여 인플루언서와 광고주 간의 투명한 계약이 성사될 수 있도록 시스템을 구축하고 있다. 이 프로젝트는 나도 소셜 미디어 상에서 인플루언서로 활동하면서 늘 필요한 기술이라고 생각했었던 부분이었다. 예를 들면, 실제로 에이전시를 통해서 나에게 들어온 광고 의뢰에 대해 실제로 내가 제공받는 용역비는 10만원인데 같은 광고라도 에이전시마다 또 인플루언서의 객관적인 평가 지표 없이 뒤죽박죽 일관성 없이 불투명하게 진행되는 건들이 많아서 의아하다고 생각하거나 불만이 있었던 적이 많았다. 이런 문제점들을 해결해줄 수 있는 것이 바로 블록체인 기술이고 광고주들이나 나와 같은 인플루언서들이 직접적으로 에이전시와 만날 필요가 없이 적은 비용으로 인플루언서의 객관적인 광고 역량 평가 기준을 만들어서 사용할 수 있는 이점이 있다. 이를 통해서 인플루언서가 광고를 많이 노출시킬 수 있고 공정한 가치를 기반으로 예상 매출액을 예상해 볼 수 있는 기술이다.

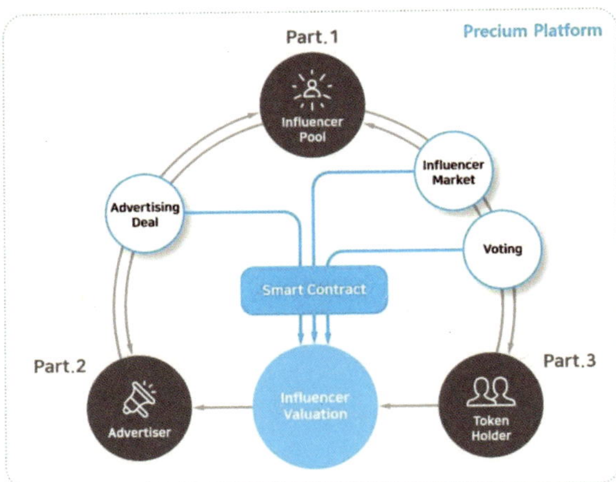

즉, 위의 그림처럼 나와 같은 인플루언서들이 마켓을 통해 자발적인 가치창출이 가능한 구조라고 해석할 수 있다. 물론 이 블록체인 기술이 상용화 되면 많은 광고 에이전시들은 일거리와 일자리를 잃게 되겠지만 사회적으로 투명하고 건전한 마켓 성장을 위해서는 아주 중요한 기술 중 하나라고 생각한다. 나도 이런 시장 발전에 솔선해서 근시안적인 회사 매출, 이익 감소를 감안하고 블록체인 프로젝트에 참여하는 인플루언서 전문 기업 (주)케이센트에 소속하여 활동을 하고 있다.

마지막으로는 내가 가장 가슴이 뛰고 스스로 멋진 일이라고 자부하면서 진행하고 있는 프로젝트가 있는데, 블록체인의 투명성을 바탕으로 '기부'를 할 수 있는 시스템을 구축하고 있다. 불투명한 기존의 기부 프로세스를 투명화 시키고 기부금에 대한 전달 과정을 공개하여 올바른 기부 문화가 정착될 수 있도록 구현중이다.

나는 증권사, 은행, 보험사를 거쳐 금융회사의 모든 수익구조와 매커니즘을 이해하고 있는데 앞으로 4차산업혁명에서는 블록체인과 코인 이코노미를 이해하지 못하고는 진정한 금융인이라고 할 수 없다. 앞으로 은행, 증권 등이 사라지고 ICO를 대체하고 비중이 커지는 시장이 올 것이기 때문에 10년 이내에 블록체인과 AI, ICO 관련 분야에서 가장 많은 일자리가 창출 될 것이다.

앞으로 몇 년간 ICO를 통한 코인 론칭이 주요한 자본 유통의 수단으로 자리매김할 텐데, ICO는 스스로 코인을 발행해서 판매하기

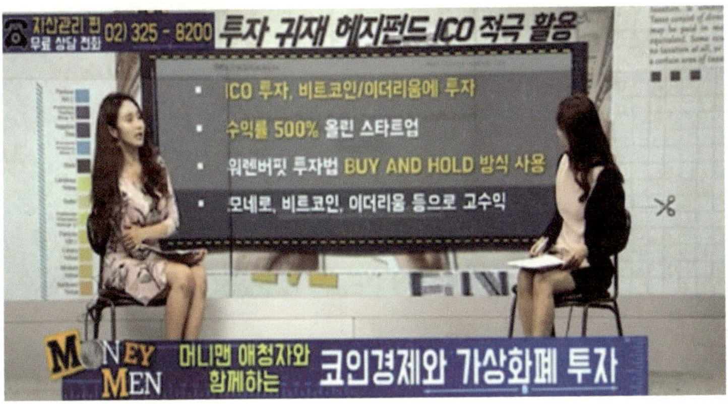

때문에 '코인 경제'라는 용어로 설명할 수 있다. 이 코인 경제가 만들어내는 네트워크 효과는 여러 가지 측면에서 의미가 있다.

여기서 네트워크 효과란 혼자 사용하는 것보다 여러 명이 사용했을 때 그 서비스의 효용성과 가치가 증가하는 것을 말한다. 네트워크 효과를 잘 보여주는 전형적인 서비스로는 페이스북을 들 수 있다. 페이스북은 새로운 사용자가 네트워크에 추가될 때마다 기존 사용자들이 서비스를 훨씬 더 잘 사용할 수 있고 그 가치가 증가하는 플랫폼이다.

마찬가지로 비트코인, 이더리움 등 암호화폐는 새로운 사용자가 네트워크에 가입하면 기존 사용자들이 네트워크로부터 얻는 효용이 증가한다. 여기서 주목해야 할 점은 비트코인 네트워크의 사용자들은 단순한 사용자가 아닌 '투자자'라는 것. 즉 오너십과 로얄티에 대한 가치도 더 증가한다는 의미다.

다시 말해 비트코인 네트워크가 더 확대되고 많이 사용할수록 비트코인 가치와 가격도 올라간다. 단순 네트워크 효과보다 더 강한, 코인 경제의 주축을 이루는 이런 네트워크 효과 때문에 ICO의 미래는 상당히 중요하다. 더 폭발적이고 혁신적으로 변화할 금융의 새로운 미래가 다가오고 있다. 그래서 우리는 단순히 '커넥터'로서 미래 인재로 끝날 것이 아니라 '인간블록체인'으로서 앞으로 바뀌게 될 금융의 패러다임까지 같이 접목시켜서 대비하고 즉각 대응하고 응용해서 더욱 더 아이디어를 확장시킬 수 있고 그것을 바로 비즈니스나 돈으로 바꿀 수 있는 상위 버전의 인재로 성장해야 한다.

2장

인간블록체인이 갖춰야 할 핵심 역량

07

B be yourself 내가 되어라

남들 다 가는 어학연수나 워킹 홀리데이는 안 가면 손해를 보는 것 같고, 졸업을 앞둔 대학생이라면 대기업 공채에 지원하지 않으면 큰일 날 것처럼 느낀다. 직장인이라면 3년 차에 이직이나 MBA를 준비해야 할 것 같다. 왜? 선배들이, 동기들이 다 했기 때문이다. 우리는 군중 심리에 약하고, 유행에 민감하다.

내가 좋아하는 나르시스트의 대가

'오스카 와일드'의 명언을 보면 이런 말이 있다.

'Be yourself, everyone else is already taken'

(너 자신이 되라, 다른 사람을 따라하지 말고 자기 자신처럼 행동해라.)

이 말은 이미 다른 사람의 정체성, 즉 그 사람이 가지고 있는 것은 임자가 정해져 있다는 말이다. 그렇기에 남을 따라하는 것이 아니라 내가 나처럼 행동해야 나만의 '특별함'을 가져야 한다는 것이다. 우리는 두려움 때문에 스스로를 믿지 못한다. 틀리면 어떡하지? 내말에 웃으면 어떡하지? 라는 많은 두려움이 나 자신을 믿지 못하게 만든다. 우리가 스스로를 믿고, 남들이 생각하는 내가 아니라 내가 생각하는 내가 되었을 때 비로소 나 자신이 완성된다.

또한 혹자는 가장 좋아하는 일이 취미가 아니라 일이 되면 피곤해지고 괴로워진다고 한다. 하지만 나는 그 말을 믿지 않는다. 관심도 없고 재미도 없는 일을 하다 지치는 것보다 좋아하는 일에 열정을 쏟고 열심히 자신을 소모하는 게 훨씬 생산적이지 않을까?

나도 성인이 되기 전에는 비슷했다. 나 자신의 기준대로 삶을 선택하기보다 주위 사람들의 기준에서 내 삶을 선택해왔고 자꾸 남과 비교하였고 다른 사람들의 눈을 의식하여, 더 좋은 성적, 더 착하고 칭찬받는 아이임을 보여주기 위해, 내가 불편해도 선택하고 억지로 맞춰가려던 일이 상당히 많았다.

하지만 결국 나는 다른 사람들이 획일화된 길을 갈 때 나만의 차별화를 두기 위해서 일본에서 학교를 다니게 되었다. 그리고 이후에 걸어온 길들 또한 남다른 '차별성'을 가지기 위해 노력했으며 사회생활을 하면 할수록 남과 다른 콘텐츠로서 부각되기 시작하였다.

일반적인 세상의 기준에서 보자면 나는 관심종자이고 튀는 사람이었지만 내 삶을 뒤돌아보면 난 내가 걸어온 길에 대해 단 한 번도 후회한 적이 없다. 다른 사람들의 기준이나 세상의 기준이 아니라 진정한 나 자신의 잠재력과 나 자신에 대한 믿음을 가졌기에 이전보다 그리고 매년 해가 갈 때마다 질적으로 더 나은 삶을 살 수 있지 않았 을까 하는 생각을 해 본다.

비록 걸어왔던 길은 험난하고 고통스러운 장애물도 많았지만 적어도 나 자신에게는 떳떳한 삶의 과정이 아니었을까하는 생각을 해 본다.

Be yourself(너 자신이 되라), 꼭 기억하라.

무한한 자신의 잠재가능성을 믿고 자신만의 강점을 발견해 나갈 수 있도록 하여라. 이처럼 내가 매 순간 나답게 살지 않았다면 지금까지 이룬 모든 것들에 대한 기회가 오지 않았을 거다.

그러니 우리도 철저하게 우리 자신이 되어 인생의 '터닝포인트'를 만들어 보자.

08

L love yourself 너 자신을 사랑하라

누구에게나 다 컴플렉스는 있다. 뚱뚱한 사람, 키 작은 사람, 집안이 어려운 사람 등등 각자 나름대로의 컴플렉스를 갖고 있다. 외형이든 내형이든 자기가 100%완벽하다고 생각하는 사람은 거의 없다. 나 또한 콤플렉스가 있다.

사실 "love yourself"는 말은 쉬우나 실천하기 가장 어려운 말 중 하나이다. 내 스스로 너무 못났고 부족한데 SNS나 길거리에는 왜 이렇게 완벽하고 멋진 사람들이 많은지 쳐다보고 있으면 한없이 주눅이 들곤 한다.

자존감이 인간관계를 좌우한다. 사실 '인간블록체인'에서 가장 핵심 기술인 '연결력'이 원활하게 잘 되려면 우수한 인간관계 스킬이 요구된다.

우리는 자신의 가치에 대해 대부분 잊고 산다. 누구나 인정받고 사랑받아야 할 존재라는 사실은 알고 있지만 막상 "당신은 가치 있는 사람인가요?"라는 질문을 받으면 자신 있게 대답하지 못한다. 또 자신을 존중해야 한다는 사실은 알지만 다른 사람에게 쓸모 있는 존재로 인정받거나 사랑받아야만 가치 있는 존재라고 생각한다. 하지만 가치란 반드시 누구에게 인정받아야만 찾을 수 있는 것이 아니다.

나를 사랑하는 것은 타인에게 인정받을 때가 아닌 내 스스로의 콤플렉스를 극복할 때 그 자존감은 더 극대화 된다.

'컴플렉스란 스스로가 느끼는 약점으로 남에게 부각되고 싶지 않은 취약점'을 말한다. 스스로 취약한 부분으로 느끼기 때문에 대부분의 사람들은 감추고 싶어 한다. 하지만 사람은 묘하게도 자신이 약점이라고 느껴지는 부분은 더 신경이 쓰이기 마련이다. 그래서 심각한 경우에는 '나는 왜 이렇게 태어났을까'하는 자기 비관까지 이어지게 된다.

컴플렉스에는 2가지 큰 특징이 있다.

첫 번째로는 '스스로 정의한다'는 특징이 있고, 두 번째로는 '누구에게나 있다'는 점이다. 예로 들면, 나는 키가 164cm에 몸무게는 53kg이다. 운동도 좋아하고 먹는 것 또한 잘 먹어서 다른 사람들에게 자주 듣는 외모에 대한 피드백은 운동하는 건강한 여자로 보인다고 한다. 10대, 20대 초반에는 방송 매체에서 비춰지는 연예인들을 보며 "저들은 키가 164cm인데 몸무게가 42kg이네 나는 왜 이렇게 뚱뚱하게 태어난거야" 하며 스스로를 비난하곤 했다. 다른 사람들이 보기엔 '보통보다 마른 체격이야'라고 말을 해주는데도 스스로 그 틀에 갇혔다. 이처럼, 컴플렉스는 자기 스스로 기준을 만들고 그렇게 정의한다. 다른 사람이 아니라고 이야기 해도 스스로의 생각에 얽매이게 되는 것이다.

두 번째 특징으로는 '누구에게나 있다'는 점이다. 하얀 백지에 검은 점이 있으면 신경 쓰이고, 깨끗한 얼굴에 뾰루지 하나가 나면 예민해지듯이, 가지고 있는 수많은 장점 보다는 약점이 이상하게 신경 쓰이게 되는게 인간의 심리이기 때문에 대부분의 사람들은 속성만 다를 뿐, 각자의 컴플렉스를 가지고 있다.

컴플렉스를 극복하고 우리 스스로를 사랑하려면 어떻게 해야 할까? 한 방송 매체에서 '태양'이 했던 인터뷰가 떠오른다. "저는 키가 작습니다. 그런데 작다는 걸 모두 아는데 어쩌겠어요? 키가 작은 다른 분들이 저를 보고 자신감을 얻는다면 저는 그걸로 만족합니다. 저는 크게 신경 쓰지 않습니다"라는 태도를 보였다. 태양보다 키가 큼에도 자신의 키에 만족하지 못하며 컴플렉스라고 느끼는 사람이 있는 반면, 오히려 남들이 컴플렉스로 생각하지 않을까 생각하는 면을 쿨하게 생각하는 태양은 컴플렉스를 어떻게 하면 극복할 수 있는지를 보여주는 예가 된다.

첫 번째로는 인정하는데서 출발한다. 이것은 불가항력이다 바꿀 수가 없다. 인정해야 마음이 편해진다.

두 번째로는 서로 다를 수 있지만 누구나 갖고 있다는 것을 인식해야 한다. 스스로를 전지적 작가 시점에서 봤을 때 분명 사람들이 느끼는 좋은 면들이 많이 있을테지만 극히 작은 단점에만 신경을 쓰기 때문에 정신이 황폐해지는 것이다. 처음에는 이런 면에 대해 쿨한 태도를 보이는 것이 쉽지만은 않을 것이다. 습관적으로 오랜 기간 동안 스스로의 약점에 대해 마음 속으로 비난해 오다가 갑작스럽게 바뀐다는 것은 그동안 나쁜 생각만 해온 세월에 대한 배반일 것이다. 안 좋은 생각이 들 때마다 좋은 면을 생각하며 다른 부분으로 자신의 경쟁력을 키워 나가게 되면 크나 큰 장점으로 인해 자신의 컴플렉스는 작게 보일 것이다. 그러니까 오늘부터 당장 우리 모습 그대로를 인정하고 사랑하자.

09

O Omni-Channel
뭐든지 연결하라

기업이 자신의 브랜드나 상품·서비스, 프로모션 등을 고객들에게 알리는 모든 활동을 마케팅이라고 한다. 마케팅 방법은 계속 진화해오고 있다. 과거에는 오프라인 마케팅이 주였지만, 오프라인에서 온라인으로, 온라인에서 바이럴로, 바이럴에서 멀티채널로, 그리고 현재는 멀티채널 마케팅에 이어 옴니 채널 마케팅Omni-Channel Marketing의 시대가 도래 했다.

Omni : 모든

Channel : 유통채널

즉, 소비자가 사용할 수 있는 모든 유통 채널을 이야기 한다.

마케팅에 익숙하지 않은 사람들 입장에서는 다 똑같아 보일 것이다. 그렇다. 크게 변화되는 것은 없다. 마케팅 전략의 변화는 '관점'의 변화에 불과하기 때문이다.

'정보는 세상의 중심이 되고 연결은 세상을 지배하게 되었다. 여기서 예외가 될 수 있는 비즈니스는 더 이상 존재하지 않는다.'

마케팅 전략은 필연적으로 기술의 발전에 의지하는 부분이 강하지만, 마케팅 전략에 있어서 변화의 핵심은 '마케팅 전략을 바라보는 관점'의 변화라고 할 수 있다. 과거에는 오프라인 마케팅을 펼쳤다. 전단지를 돌리고 현수막을 걸어 놨다. 이게 발전된 형태가 TV, 라디오 광고, 그것이 더 발전된 형태가 온라인 마케팅이다. 기술은 이미 발전되어, 있지만 우리가 마케팅을 바라보는 관점은 단순히 마케팅이 제공되는 공간place을 기준으로 삼았다. 예컨대 길가에 전단지를 돌리면 오프라인 마케팅이고 인터넷에 광고를 하면 온라인 마케팅이되는 식이다.

바이럴 마케팅 부터는 관점이 크게 바뀌었다. 돈을 들여 마케팅을 하는 것보다는 고객이 스스로 마케팅을 하게 만드는 입소문이 효과가 매우 크다는 것을 알게 되었고, 기업들은 판매 자체보다는 입소문을 목표로 마케팅을 펼쳤다. 다만 입소문의 주 무대가 온라인·모바일이기 때문에 잘 모르는 사람 입장에선 온라인 마케팅과 바이럴 마케팅은 큰 차이가 없어 보인다. 여하튼 이 시기에는 입소문 뿐만 아니라 인간의 심리psychology를 마케팅에 적용했으며 다양한 마케팅 전략이 탄생했다.

처음에는 페이스북이라는 플랫폼으로 사람들이 모여들었기 때문에 마케팅 전략을 잘 짜는 것이 중요했다(지금도 그렇다). 그러나 최근들어 플랫폼이 난무하면서 플랫폼 세계대전이라고 해도 좋을 만큼 무수히 많은 플랫폼이 등장하고 사람들은 자기 취향에 맞는 플랫폼을 사용하기 시작했다. 그래서 기업은 다양한 마케팅 수단means으로 마케팅 활동을 해야 하는 멀티채널 마케팅의 시대가 되었는데 본인의 비즈니스를 하는 사람들 입장에서는 여간 복잡한 일이 아닐 수가 없다. 이건 본인의 비즈니스가 아니더라도 기업에 종속되서 일을 하는 사람과 그 기업도 이런 마케팅의 변화에 민감하게 반응하는 기업만이 생존하고 더욱 더 성공하기 때문에 이 책을 읽은 누구에게나 해당되는 것이라고 볼 수 있다.

특히, 이런 옴니 채널이 더 트렌드가 된 이유는 무엇일까? 바로 쇼루밍족, 역쇼루밍족, 모루밍족 등 다양한 채널을 넘나들며 쇼핑을 즐기는 크로스 쇼퍼들의 등장 때문이다.

쇼루밍족 : 오프라인에서 지켜보고, 온라인으로 최저가 쇼핑하기

역쇼루밍족 : 온라인에서 평판을 꼼꼼하게 살펴보고 오프라인으로 제품 구매하기

모루밍족 : sns추천을 통해 구매결정후, 오프라인 구매 또는 오프라인에서 체험 후 모바일을 통해 제품 구매 등등

여러분들도 그렇듯, 우리에게 쇼핑이란 오프라인과 온라인, 모바일의 경계가 사라졌기에 이러한 옴니채널이 구축됐다고 본다.

옴니 채널 마케팅은 마케팅 전략이라기보다는 고객들에게 오프라인, 온라인, 모바일 등 다양한 경로를 통해 상품과 서비스를 제공할 수 있는 '환경' 그 자체라고 이해하면 된다. 그래서 내가 말 하는 인간블록체인이 되기 위해 가져야 할 핵심 역량에서는 이런 마케팅의 변화와 환경을 이해하지 못하면 그런 역량 자체를 가지기가 힘들다.

단순히 여러 가지 채널을 관리하는 게 목적이 아니라 채널과 기술을 접목시켜 고객경험user experience을 최고로 끌어 올리는 것이 관건이다. 보통 옴니 채널을 마케팅으로 접한 사람들은 옴니 채널 마케팅이 APP이나 VR 서비스 등 최신 기술이 필요하고 다양한 채널과 결합하는 마케팅 전략을 기획해야 하므로 대기업(플랫폼 사업을 하지 않는)이 아닌 개인 자영업자에게는 불가능한 마케팅 전략이라고 이론적으로는 배우지만, 사실 내 생각은 조금 다르다. 실제로 '연결력'을 발휘해서 그것이 영향력이 강해지고 힘이 강해지면

우리 스스로가 옴니 채널 마케팅을 좌지우지할 수 있는 능력이 생긴다. 그리고 이 능력이 생기면 '이론적으로' 개인 자영업자나 대기업이 불가능한 것을 이룬 것이 되기 때문에 그들에게 우위가 될 수 있다. 그러면 그들이 이런 '인간블록체인'인 우리에게 먼저 손을 내밀면서 여러 가지 비즈니스를 제안한다. 실제로 나에게 많은 대기업 의류, 유통회사, 화장품 회사 등에서 제안이 들어온다. 스스로 옴니 채널이 되어서 많은 것을 연결하게 되는 순간 그것 자체가 본인의 경쟁력이고 많은 인생의 기회가 생기는 것과 마찬가지다.

아마존은 2억 명의 구매자, 200만 명의 판매자, 200만 명의 협력자 등이 모인 거대 플랫폼이다. 플랫폼 사업을 하는 대기업들은 이미 플랫폼 사업으로 사업을 키웠기 때문에 대기업이 된 것이다. 시대의 변화와 마케팅의 변화를 잘 대응해서 성공해 낸 케이스인 것이다. 아마존은 고객들과 판매자들이 잘 연결될 수 있도록 도와주고 수익을 창출한다. 에어비앤비와 우버 같은 스타트업도 마찬가지이다.

우버처럼 당신도 연결을 잘 활용하면 새로운 비즈니스 기회를 잡을 수 있다. 플랫폼을 활용하면 '나'를 브랜드화 할 수 있고, 이를 기반으로 수익과 경제적 가치를 창출할 수 있다. 개인의 관점에서 보면 나의 능력, 성격, 배경, 정보, 경험, 인맥, 목표 등이 모두 연결의 대상이다. 세상을 바꾼 초 연결자들의 공통점은 연결을 활용했다는 점이다. 기존의 틀을 깨고 한 단계 도약하고 싶다면 '연결', 그리고 정보를 활용하라. 나의 정보를 네트워크로 연결해보라.

최유진의 Tip

다양한 마케팅 채널을 관리하자!

옴니 채널을 구성하지 못하더라도 다양한 채널로 통합적인 마케팅 전략을 실천할 수 있다. 모든 플랫폼 채널을 다 관리할 필요 없이 목적에 따라 필요한 최소한의 채널을 골라 관리하면 된다. 채널은 총 5가지 종류가 있으며 플랫폼에 따라 특징이 겹치기도 한다.

1. **커뮤니티형 채널** : 네이버 카페나 기타 플랫폼 서비스가 커뮤니티형 채널이다. 회원들이 서로 대화를 하면서 정보를 주고받는 형태의 채널로 직접 콘텐츠를 만들 필요 없이 회원들이 콘텐츠를 작성할 수 있는 환경을 만들어줘야 한다. 커뮤니티의 회원은 브랜드의 충성고객이 될 가능성이 높다.
2. **검색형 채널** : 대표적으로 블로그가 검색형 채널이다. 보통 포털 사이트 또는 검색을 기반으로 콘텐츠가 노출되는 형태의 채널로 관리자가 꾸준히 콘텐츠를 작성해야 한다.
3. **구독형 채널** : 신문, 잡지 등이 있다. 구독형 채널도 관리자가 꾸준히 콘텐츠를 작성해야 하지만, 따로 검색을 하지 않더라도 구독자에게 콘텐츠가 전달된다는 점이 장점이다.
4. **인맥형 채널** : 대부분의 SNS가 인맥형 채널이다. 콘텐츠에 '좋아요' 버튼을 누르면 내 팔로워들에게도 콘텐츠가 공유되기 때문에 확산력과

파급력이 강하지만, 채널 관리에 가장 많은 노력이 필요하다.

5. **채팅형 채널** : 실시간으로 대화를 주고 받을 수 있는 채널로 고객이 궁금해 하는 점이나 이벤트에 대해 설명할 수 있다.

결국 '인간블록체인'으로서 역량을 가지고 힘을 발휘하려면 목적에 따라 3가지 채널은 기본적으로 필요하다. 커뮤니티형 채널, 정보 제공형 채널(검색형, 구독형, 인맥형), 채팅형 채널. 꼭! 기억하자. 부지런함 없이는 얻는 것도 없다는 것을!

10

C Connect
집단지성이 필요하다

'연결Connect'은 사람과 사람의 연결, 정보와 정보의 연결, 공간과 공간의 연결 등으로 나누어볼 수 있다. 초연결자가 되기 위해서는 이 중에서 '사람'과 '정보'를 가지고 있어야 한다.

간절히 원한다고 해서 누구나 인생 선배들을 만날 수는 없다. 그 분야의 전문가나 멘토를 직접 만날 수 없다면 멘토로 삼을 만한 이들의 책을 읽고, 이를 통해 정보와 지식을 연결하는 것이 좋은 방법이다.

우리는 네트워크로 사람, 정보, 사물 등 모든 것이 연결되는 초연결사회를 살고 있다. 마음만 먹으면 다른 나라 정보나 지식을 얼마든지 연결할 수 있는 환경에서 살고 있는 것이다. 정보와 정보를 연결하기 위해서는 날마다 쏟아지는 수많은 정보 중에서 나에게 꼭 맞는 정보를 찾을 필요가 있다. 책과 온라인 플랫폼 외에 강연 참석도 '인간블록체인'이 되는 좋은 연결의 방법이다. 사람이 사람에게 직접 전해주는 지식과 에너지의 시너지, 감동은 온라인이나 독서를 통해 얻는 것과는 비교할 수 없다.

나는 그동안 여러 가지 커리어와 다양한 대외활동을 하면서 만난 다양한 분야의 사람들과 전문가들을 섭외해 '드림토크쇼'라는 컨셉으로 '인생 특강' 시리즈를 진행하고 있는데, 참석자들뿐 아니라 행사를 진행하는 나도 다양한 영감을 얻게 된다.

창의성을 발휘해야 할 때 내가 가지고 있는 지식이나 비슷한 일을 하는 사람의 조언으로는 원하는 결과를 내기 힘들다. 주어진 업무에 집중하다 보면 생각하는 범위가 제한되고, 주변에는 비슷한 생각을 하는 사람들만 있기 마련이다. 그리고 그 사실을 인지하지 못하는 경우가 대부분이다. 더 다양한 지식을 듣고 배우고, 내가 아는 것을 타인 및 다른 분야와 연결할 때 발전할 가능성이 높아진다.

강의를 들은 참석자들은 다른 분야의 이야기를 듣고 '시야가 좀 더 넓어진 느낌이다'라는 말을 하곤 한다.

집단 지성이란, 본래 무리 생활을 하는 개미나 벌과 같은 곤충의 생태연구에서 비롯되었다. 20세기 초 미국의 생물학자 윌리엄 모턴 휠러는 개미의 각 개체는 미미한 존재이지만 협업을 통해 군집을 이뤄 거대한 개미집을 만들어내기 때문에 집단으로서 높은 지성을 가진다고 보았다. 즉, 집단지성이란 다수의 개체들이 서로 협력하거나 경쟁을 통하여 얻게 된 지적 능력의 결과로 얻어진 집단적 능력을 일컫는다고 할 수 있다.

이후 1994년 피에르 레비에 의해 주목받기 시작하였으며 그는 특히 사이버 공간에서의 집단 지성에 주목하였다. 또 제임스 서로위키는 실험을 통해 다양한 문제들이 주어졌을 경우 한 개인이 집단보다 일관되게 나은 결과를 지속적으로 내릴 가능성은 거의 없다고 주장한다.

'특정 조건에서 때로는 집단 전체가 집단에 속한 가장 똑똑한 사람보다 더 현명한 판단을 내린다는 것.'

집단 창의성 역시 한 사람의 뛰어난 창의성에 기대하는 것보다 여러 사람이 함께 머리를 맞대고 만들어낸 산출물이 더욱 뛰어날 수 있다는 생각에 바탕을 두고 있다. 집단 지성 혹은 창의성의 구현은 크게 두 가지 측면에서 살펴볼 수 있다. 집단 지성을 실현하기 위해 개인의 능력을 어떻게 키울 것인가에 대한 이론적 측면과 물리적으로

집단 지성을 구현할 수 있는 환경을 갖추기 위한 기술적 측면이다.

기술적 측면에서 보자면 집단 지성을 구현하기 위한 물리적 환경은 이미 어느 정도 충분히 갖추어졌다고 할 수 있다. 인터넷의 발달과 모바일 기기의 보급으로 우리는 이미 위키피디아와 같은 훌륭한 집단 지성의 예를 알고 있고 또 이용하며 살아가고 있다.

이제 필요한 것은 집단 지성을 구현할 수 있는 능력을 갖추게 해주는 교육이 뒷받침되는 일이다. 집단 지성과 집단 창의성을 키우는 교육은 흔히 단순히 사이버 공간을 통해 의견을 교류하는 토론학습의 다른 형태로 오해를 사기도 한다. 그래서 교과 지식을 가르치는 기존의 수업과 교육환경에는 마치 적용하기 어려운 것처럼 생각되기 쉽다. 하지만 집단 창의성과 집단 지성이 주목 받는 배경을 생각해 보아야 한다. 우리는 더 이상 르네상스 시대와 같이 모든 분야에 통달한 전문가를 키울 수 없다. 따라서 문제를 해결하기 위해 협력을 통해 개인의 능력을 합한 것 이상의 능력을 발휘할 수 있는, 협동하는 능력을 키워줄 수 있는 교육이 필요하다. 수업은 단지 의견과 지식을 제시하는 것이 아니라 문제를 해결하고 산출물을 만들어내며 협동을 통해 함께 지식을 얻는 형태가 되어야 할 것이다.

단지 시험 점수가 수업의 목적이라면 교사들은 별달리 고민하지 않고 자신의 강의 실력만, 요점 정리 실력만, 핵심 포인트를 찍는 기술만 갈고 닦으면 될 것이다. 하지만 '상호작용하는 수업', '학생이 지식을 만드는 수업'은 그렇게 단순하지 않다. 이제 막 패러다임의 전

환이 완료되고 이게 옳고 이래야 한다는 합의가 시작되었다. 그것이 현장에서 얼마나 의미 있고 생명력 있게 성장해 갈지는 이제 교단에서는 교사들에게 넘어왔다고 할 수 있다. 꾸준히 함께 간다면 뭐 그리 멀지 않을지도 모른단 생각도 든다.

현대 문명사회가 안고 있는 문제를 과학만으로는 해결할 수 없겠지만 과학이 문제 해결에 중요한 역할을 담당하고 있는 지금, 과학 교육에서 집단 지성과 집단 창의성을 발휘할 수 있게 하는 수업을 고안하고 실행하는 것이 필요하지 않을까?

집단지성의 중요성에 대해서 많은 사람들이 얘기하곤 하지만 엄밀하고 냉정하게 말해서 우리는 정작 그 집단지성의 실천적인 방식에 대해서는 별로 다루지 않는다. 집단지성이 개체의 지적 능력을 넘어서는 것임을 알지만 여럿이 모여 머리를 맞대면 되는 것쯤으로 가볍게 여기는 경우도 허다하다. 과연 어떻게 집단지성을 활용해야 할까?

학창시절로 돌아가 보자. 학교에서 음악시간에 선생님이 피아노로 곡을 들려주면 선율과 박자를 속으로 따라 하면서 익힌 뒤 한 소절씩 따라 부르고 두 소절 네 소절 이어가면서 곡 전체를 따라 부른 경험이 있을 것이다. 선생님은 그런 뒤에 어김없이 '분단별'로 시킨다.

이 부분에 주목해야 한다. 전체가 합창할 때는 어렵지 않게 '립싱크'를 하곤 한다. 대충 입만 벌려도 별문제 없다고 여기기 때문이다. 그런데 분단별로 시키면 립싱크를 할 수 없다. 분단별로 노래 부르는

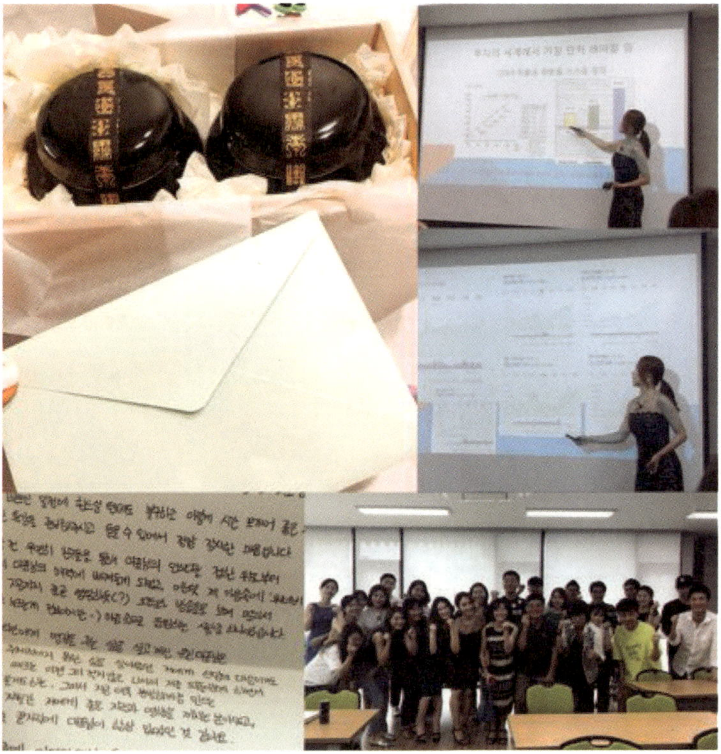

건 일종의 '발표 체험'이다. 청중은 누구인가? 바로 '내 친구들'이다. 그게 연대의 시작이다. 자기 분단이 부를 때는 긴장해서 부른다. 청중을 의식하기 때문이다. 다른 분단의 학생들은 어떤가? 그들은 '감상 체험'을 한다. 그냥 부를 때는 별로 의식하지 않았는데 다른 분단이 부르는 것을 들을 때는 어떤 소절에서 음이 틀리고 박자가

어긋나는지 의식하게 된다.

그것은 바로 전에 내가 불렀던 노래를 '객관적으로' 인식하는 경험이 된다. 그렇게 한 분단씩 이어가면서 각 분단의 노래는 '진화'한다. 이게 바로 가장 기본적이고 기초적인 집단지성이고 연대의 힘이다. 아이들이 학교에 가는 것은 이러한 학습 과정과 사회성을 배우고 익히기 위해서다. 21세기는 그러한 능력이 있는 사람을 요구한다.

그러나 우리의 교육과정은 여전히 '개별적 성취'를 요구하고 평가하며 보상하는 방식에서 벗어나지 못하고 있다. 그렇게 집단지성의 힘을 거세당하며 성장했다. 지금이라도 새로운 방식에 눈을 떠야 한다. 미래 일자리의 관점 등으로만 제4차 산업혁명을 바라볼 게 아니다. 진정 새로운 산업혁명이 요구하고 생산하며 유통하게 될 미래 가치를 증대시키려면 기본적으로 학교의 학습 방식부터 혁명적으로 바꿔야 한다.

이미 성인이 된 우리들은 어떻게 할 수 있나? 나처럼 다양한 활동을 통해서 지식과 정보, 노하우를 공유하고 토론하고 새로운 무엇인가를 창조하고 변화하고 개척해내야 한다. 자신의 경험이나 노하우가 있다면 이를 강의하는 것이 자신의 지식을 한 번 더 점검하는 좋은 기회가 된다. 강의를 통해 나의 지식과 다른 이들의 지식이 연결될 수 있다.

하지만 집단 지성의 결과물이 무조건 좋은 것만은 아니다. 잘못된 정보인데도 많은 사람에 의해 정답이 되어버리는 경우도 있기 때문이다. 그리고 다수가 옳다고 생각한 잘못된 정보를 우리도 모르게 받아들일 수도 있다. 그러므로 옳은 정보를 잘 가려내는 능력도 중요하다.

최유진토크쇼-꿈꾸:美人
merci
beaucoup

11

K Know yourself
너 자신을 알라

'나를 알고 적을 알면 백전백승' 이라는 말이 있다.
그 중 '적'을 아는 것도 중요하지만, '나'를 먼저 정확히 알고 시작한다면,
'적'에 대한 접근법 또한 달라지기 마련이다.

직업에 대한 것뿐만 아니라 세상만사 나를 정확하게 파악하고 '내가 좋아하고 즐길 수 있는 것'을 정확하게 안다면 어떤 일을 하더라도 즐겁지 않을까?

사실 내 자신을 냉정하게 파악하고 인정하는 것은 우리나라 사람에게 특히 더 어려운 일이다. 우리나라 사람들은 타인에 대한 평가나 훈수는 기가 막히게 둔다. 그 사람의 진로에 대해서 어쩜 그리 잘 아는지 돗자리를 깔아도 될 정도로 충고를 던진다. 그러나 "중이 제 머리 못 깎는다"는 말처럼 정작 자신에 대해서는 무지하다.

남들 따라 억지로 자신을 바꾸려 할 필요는 없다. 대신 내가 잘하는 것이 무엇인지, 그것을 어떻게 활용할 것인지, 그리고 앞으로 배워야 하는 것이 무엇인지 파악하는 것이 먼저이다.

'나'라는 브랜드, '무기'를 만드는 것이 중요하다.

4차 산업혁명 시대에 중요하게 여겨야 할 것이 무엇인지에 대해 고찰해봤다. 이제부터 무엇을, 어떻게 준비할 것인가에 대해 생각해보자. 지식을 결합하는 창의적인 인재가 되려면 '나'만의 차별화 전략을 세워야 한다. 그러기 위해 먼저 '나다움'에 대한 정의가 필요하다.

'나다움'은 '나를 성장시키는 키워드'이다. '나를 성장시키는 힘은 다른 사람에게서 빌리는 것이 아니라 자신에게서 나온다'는 것이다. 이 '나다움'은 나만의 강점이 된다.

내가 존경하는 미래학자인 피터 드러커는 "인생의 비극은 우리가 천재적인 재능을 타고나지 못한 데 있는 것이 아니라 강점을 충분히 활용하지 못하는 데 있다."고 말한다.

지금처럼 치열한 경쟁 시대일수록 '나다움'이 진정한 경쟁력이 될 수 있다. 하지만 나만의 '나다움'이 무엇인지 잘 모르는 사람들이 많다. 나만의 잠재력과 경쟁력을 찾는 법은 진정하게 나를 파악하고 아는 것이다.

이런 성향이 그 국가 국민들의 일반적인 성향이라고 결론지을 수는 없다. 교육 환경이나 강의 주제에 따라 개인차가 있다. 말주변이 있는 사람도 환경에 따라 상대적으로 변한다.

나 역시 한국에서는 활달하게 소통하고 대화를 주도적으로 이끌어가는 편이지만 참석한 자리의 성격이나 만나는 상대에 따라 바뀌는 편이다. '나는 안 그래!'라고 하는 활달한 사람도 외국인과 만나거나 주변 환경이 변하면 태도가 변하게 된다.

글로벌 인재가 되기 위해서는 주변 상황이 변하더라도 '나다움'을 유지해야 한다.

성향 파악을 할 때 많은 사람들이 하고 있는 MBTI 분석은 다들 한번쯤은 해봤을 것이다. 하지만 아래의 표처럼 천편일률적인 분석에 특정 성향으로 나왔다고 해서 꼭 이런 쪽으로만 내가 활동해야 한다고 생각하면 오산이다. 인간블록체인은 이 틀을 완전히 깨어버리는 사람이어야 한다. 왜냐면 우리가 살아가고 있는 이 시대는 MBTI의 여러 가지 조합형으로 이루어져 있는 다양한 재능을 가지고 있어야 더욱 더 경쟁력이 생기기 때문이다.

실제로도 시대의 변화와 무관하게 MBTI 검사는 완전히 무의미하다고 주장하는 전문가들도 많다. 일전에 『MBTI 검사의 한계』라는 글을 쓴 펜실베니아 주립 대학교의 조직심리학자 아담 그랜트가 MBTI 검사에 대해 한 마디로 일축했다. 또 그는 아래와 같이 말했다.

> "MBTI 검사로 측정된 성격은 당신이 어떤 상황에 처했을 때 얼마나 행복해할지, 당신이 회사에서 얼마나 일을 잘할지, 당신의 결혼생활이 얼마나 행복할지 전혀 예측할 수 없다."

MBTI는 93개의 문항으로 세상에 있는 모든 사람을 16개의 독립된 성격 '유형'으로 분류한다. 그리고 이런 방식을 '더 나은 관계를 이루고, 긍정적인 변화를 일으키고, 혁신을 활용하고 성취를 할 수 있는 강력한 도구'라고 자부한다. 가장 주된 믿음은 바로 MBTI 검사가 가장 적절한 직업을 선택하는 최고의 도구라는 것이다.

그러나 MBTI 검사는 분석심리학자 카를 융의 검증되지 않은, 현재 심리학계에서 완전히 배제된 1940년대의 이론에 기초해 개발되었다. 게다가 융이 자신의 성격 '유형'은 엄격한 분류가 아닌 단지 자신이 발견한 성격들의 대강의 경향이라고 경고했음에도 MBTI 검사에 채용된 것이다. 여러 연구 자료는 MBTI 검사가 여러 직업에서 사람들의 성공을 예측하는 것에 완전히 무능하다는 것을 보여준다.

여러분들은 다른 사람이 '나는 INTP야', '나는 ESTJ야' 등 위의 16개의 성격 유형 중 하나라고 말하는 걸 들은 적이 있을 것이다. 본인 스스로도 그렇게 얘기하고 다니는 사람들이 많다. 나는 'ENTJ 형이라서 사업이 잘 맞아' 라는 식으로 말이다.

MBTI 검사는 '당신은 다른 사람들과 공감하려는 경향이 있습니까?' 같은 질문을 던지고 '예' 또는 '아니오' 와 같은 대답만을 요구해 결론에 도달한다. 만약 우리가 이미 알고 있는 현실을 제대로 설명하지도 못하는 이러한 이상한 이항선택을 하는 데 무언가 실증된 이유가 있었다면 우리는 그 이유에 대해 심각하게 고려해봐야 했을 것이다.

하지만 그렇지 않다. MBTI 검사는 초지각적 능력이나 집단 무의식

ISTJ 소금형 한번 시작한 일은 끝까지 해내는 성격	ISFJ 권력형 성실하고 온화하며 협조를 잘하는 사람	ESTP 활동가형 친구, 운동, 음식 등 다양함을 선호	ESFP 사교형 분위기를 고조시키는 우호적인 성격
INFJ 예언자형 사람에 관한 뛰어난 통찰력을 가진 사람	INTJ 과학자형 전체를 조합하여 비전을 제시하는 사람	ENFP 스파크형 열정적으로 새 관계를 만드는 사람	ENTP 발명가형 풍부한 상상력으로 새로운 것에 도전
ISTP 백과사전형 논리적이고 뛰어난 상황 적응력	ISFP 성인군자형 따뜻한 감성을 가지고 있는 겸손한 사람	ESTJ 사업가형 사무적, 실용적, 현실적인 스타일	ESFJ 친선도모형 친절, 현실감을 바탕으로 타인에게 봉사
INFP 잔다르크형 이상적인 세상을 만들어가는 사람들	INTP 아이디어형 비평적인 관점을 가진 뛰어난 전략가	ENFJ 언변능숙형 타인의 성장을 도모하고 협동하는 사람	ENTJ 지도자형 비전을 갖고 타인을 활력적으로 인도

MBTI 성향 종류

등을 믿는 '20세기 초의 한 사람'에 의해 만들어진, 지금은 학계에서 완전히 배제된 이론에 기초한다. 실제 데이터는 사람들의 특성이 쌍봉분포를 이루고 있지 않다고 말해준다.

사람들이 다른 사람들과 행하는 상호작용을 트래킹 해봐도 융의 말과 같이 순수한 외향성이나 순수한 내향성은 존재하지 않는다는 것을 알 수 있다. 대부분의 사람들은 그 사이 어딘가에 위치하고 있다.

MBTI의 4가지 범주가 모두 이러한 이유들로 문제를 가지고 있고, 그랜트를 포함한 심리학자들은 이러한 범주가 서로 다른 성격 유형을 구별하는 효과적인 방법이 아니라고 말한다.

"현대 사회과학자들은 당신이 합리적인 계산에 의해 결정을 내리는지 감정에 의해 결정을 내리는지 같은 것들을 공부하지 않는다. 우리 모두가 이 두 가지를 다 사용하기 때문이다. 이 범주는 특성을 상반되는 두 가지로 나누지만, 이 상반되는 두 가지도 사실 서로 독립적이며 어떨 때는 동반될 수 있는 것이다."

MBTI 검사에서 얻어진 결과조차도 대부분의 사람들이 어느 한 범주에서 중간값에 가까운 값을 가지고 있고, 결국 그 값이 최종적으로 어느 한쪽에 완전히 치우친 것처럼 표현되는 것을 볼 수 있다. 이것이 바로 심리학자들이 '성격 특성'에서 '성격 상태' 이론으로 넘어간 이유이다. 이러한 이유로 이젠 환자에게 MBTI 검사를 시행하는 심리학자를 찾기가 매우 힘들다.

또 다른 문제도 있다. MBTI 검사의 결과인 위쪽의 표에서는 '이기적임' '게으름' 또는 '평균적임' 같은 단어를 어디에서도 찾아볼 수 없다. 당신이 어느 유형의 성격이던 당신은 '예언자형' '과학자형' '지도자형' 같은 듣기 좋은 설명만 얻을 수 있을 것이다. MBTI 검사는 사람들을 정확히 분류하기 위해서 만들어진 검사가 아니라 검사를 받은 후 사람들이 행복함을 느끼도록 해주기 위해 만들어진 검사일 뿐이다. 이것이 심리학자들의 무시와 반대에도 세계의 기업들에서 오랜 세월 지속되어 온 이유 중 하나인 것이다.

MBTI 검사가 사람들에게 이러한 부정확한 결과를 주는데도 사람들은 왜 계속 검사를 받고 싶어 할까? 그 이유 중 하나로는 듣기 좋고 중복되는, 많은 모호한 설명이 있다. 모호한 설명으로 인해 사람들은 자신의 결과로 나온 유형의 설명 중 몇몇 개가 맞다고 생각할 것이고 나머지 몇몇 개의 설명이 틀릴지라도 앞에서 맞다고 생각한 것은 결과에 신뢰를 불러일으킨다.

그리고 듣기 좋은 설명은 자신이 이 유형이 맞다는, 검사가 올바르게 되었다는 착각을 뒷받침한다. 이것은 포러 효과Forer effect라고 한다. 포러 효과는 점성술, 운세, 혈액형 심리학 등의 의사과학에서 사람들에게 정확한 정보를 제공하는 것처럼 믿게 하기 위해 오랜 기간 널리 쓰여왔다.

이 때문에 사람의 행동을 이해하고 분석하는 심리학자들은 현대의 연구에서 MBTI를 거의 완전히 무시한다. 성격 검사에 대한 탁월한 심리학 논문을 찾아보면 MBTI 검사가 아니라 MBTI 검사가 만들어진 후 수십 년간 개발된 여러 다른 시스템에 대한 언급을 볼 수 있을 것이다.

실질적으로 중요한 심리학 논문 중 MBTI 검사를 언급한 논문은 단 1개도 없다. MBTI를 언급한 대부분의 논문은 모호한 주제들, 「'심리학적 유형'에 대한 연구」와 같이 융의 이론이나 MBTI 검사 자체에 대한 논문일 뿐이다.

MBTI 검사를 시행하는 CPP사의 위원회에서는 3명의 심리학자가 근무하고 있지만, 그 3명 중 아무도 MBTI 검사를 자신의 연구에 사용하거나 언급하지 않았다. 스탠포드대의 심리학자 교수이자 CPP 위원회 멤버인 카를 토르센은 MBTI 검사에 관해 2012년에 워싱턴 포스트에 기고한 글에서 '내 심리학자 동료들이 의문을 제기할 것이다'라고 말하기도 했다.

MBTI 검사는 단 한 가지에 유용하다. 진단을 받아보면 즐겁다. MBTI 검사를 웃기 위해, 즐기기 위해 받는 것은 전혀 문제가 되지 않는다. 그러나 CPP사가 MBTI 검사를 판매하며 '진행중인 세계적 연구와 연구 투자로 뒷받침되는, 신뢰할 수 있고 타당하다'고 광고하는 것은 문제가 있다.

CPP사는 MBTI 검사를 주력 상품으로 매년 약 2,000만 달러의 수입을 낸다. 검사를 받고 싶은 사람은 15달러에서 40달러 사이를 내야 하고, 공인된 검사 진행자가 되기 위해서는 1,700 달러를 내야 한다. 사람들은 왜 이런 결함이 많은 검사의 진행자가 되기 위해서 이렇게 많은 돈을 지불하고자 할까?

바로 '취업' 때문이다. 수천 개의 기업들, 대표적으로 맥킨지, GM을 포함해 Fortune 100에 선정된 기업들 중 89개의 기업이 MBTI 검사를 직원들과 잠재적인 피고용자들을 여러 성격 '유형'으로 나누고 각각 유형에 따라 그들에게 적절한 교육 프로그램을 진행하고 담당 부서를 배정하는 데 사용하고 있다.

여러분이 공인 검사 진행자가 된 후에는 이러한 회사들에 가고자 하는 사람을 위해서, 또는 이러한 회사들에서 직접 일을 할 수 있게 된다. 이러한 생태계를 통해 검사 진행자들은 구식의 MBTI 검사가 계속 진행되고 유지될 수 있도록 하는 치어리더가 된다.

지금은 21세기이다. 수천 명의 전문 심리학자들이 MBTI 검사가 부정확하고 제멋대로라는 사실을 밝혀냈고, 성격을 밝혀내기 위한 다른 더 나은 방법들을 고안해냈다. 이젠 별자리 운세와 비슷한 수준의 과학적 타당성을 가지고 있는 이 검사를 사용하는 것을 중지하고 무언가 다른 것으로 옮겨가야 할 때이다.

셀프 모니터링 : 나를 알아야 흔들리지 않는다.

자신의 육체를 셀프 모니터링 하는 사람들은 많다. 가만히 있어도 직장에서는 건강검진을 받으라고 하고 만약에 이 과정에서 위험을 경고하는 진단이 나오면 담배도 술도 끊고 식단도 관리한다.

그러나 자신의 존재에 대해 셀프모니터링을 하는 사람은 의외로 드물다. 자신의 존재감에 대한 셀프모니터링도 건강관리, 자기관리와 다를 게 없다.

의사의 따끔한 조언에 발끈하는 환자가 얼마나 있나? 대부분 의사의 처방대로 생활할 것을 다짐한다. 셀프모니터링도 마찬가지다. 자신을 냉정하게 평가해보고, 그것도 부족하다고 생각되면 친밀한 관계인 친구나 동료에게 롤링페이퍼를 작성하듯이 자신에 대한 냉정한 평가를 부탁해도 좋다.

최유진의 Tip

내 스스로에게 질문을 던져서 나 자신을 파악하기가 너무 어려울 때가 많다. 사람들은 그래서 객관적이고 검증된 지표에 익숙해져 있는데 극단적으로 MBTI 분석 하나만 보고 내 성향을 파악할 것이 아니라 4차산업혁명에 맞게 다양한 분석 기법을 통해서 스스로를 보다 더 객관적이고 냉정하게 파악할 필요가 있다. 다음은 내가 추천하는 다양한 성향 진단 키트들이다. 본인이 이 진단에 적합하다고 판단되면 아래의 3가지 적성, 지능, 성격을 진단해서 좀 더 심도 있게 '나'를 파악해보는 것을 추천한다.

1. 버크만 진단 (적성)

인터넷 문항으로 검사를 진행하며 약 300문항에 달하는 질문을 20~30분 정도 소요해서 체크한다. 내가 생각하는 타인, 내가 생각하는 나 자신, 내가 가장 관심을 가지는 직업/직무 군에 대한 분석이 자세하게 들어간다. 버크만 진단의 가장 큰 장점은 전 세계적으로 데이터를 누적시켜 지속적으로 보완하고 개발하기 때문에 다른 진단들과 차별화되고 있다. 아무래도 누적된 데이터도 많고 빅데이터 분석이 가능하다 보니 '근거 없이 결론이 나오지 않는다'라는 말이 적합한 진단.

특히나 이 진단을 추천하고 싶은 대상은 '회사 내에 어떤 직무가 있고 무슨 일을 하는지 잘 모르는 대학생', '내가 선택하고자 하는 진로와 직무에 대해 확신이 없는 취준생', '경력직이지만 내 직무가 나와 잘 맞는지 확인받고 싶은 사람', '이직을 생각 중인데, 이 기회에 직무변경을 원하는 사람' 등이 있다.

2. 가드너 다중지능 (지능)

세계적인 교육학자이자 하버드대학 심리학과 교수인 '하워드 가드너'가 알려주는 진단법이다. 가드너 이전의 전통적인 지능관은 인간의 지능을 학습, 학업 성적 등으로만 제한한 단일한 지능이었다. 하지만 이는 인간을 표준화, 획일화시킨다는 문제점이 있었고 그에 따라 가드너는 인간의 지능이 하나가 아님을 주장하면서 인간에게는 다양한 지능이 있다고 주장했다.

가드너는 특별한 경우를 제외하고, 또 정도의 차이는 있겠지만 모든 사람이 가드너가 제안하는 여덟 개의 지능을 가지고 있다고 주장했다. 여덟 개의 지능 각 분야의 높낮이는 사람마다 다를 수 있지만 그를 바탕으로 다른 지능이 계발될 수 있다는 것이다. 가드너가 말하는 인간의 지능은 기초적 능력을 가리키는 말로서, 후천적인 경험이나 교육 없이 선천적으로 보유한 능력을 의미한다. 가드너에 따르면 각 지능의 높낮이는 유전적 요인에 따라 결정되지만, 후천적인 교육과 경험, 노력에 의해 수시로 변할 수 있다고 주장한다. 그리고 자신의 강점지능과 약점지능을 파악하여 강점지능은 강화하고, 약점지능은 보완하는 것이 필요하다고 제안한다.

가드너의 다중지능 이론은 다른 유아교육론자의 이론에 비해 많이 알려져 있는 편으로 어렸을 때는 언어, 수학 외에도 다양한 영역을 경험하게 해주지만, 아무래도 우리가 커가면서 현실적으로 적용은 많이 되고 있지 않는 듯하다.

가드너가 주장한 8가지 지능에는 음악적 지능, 신체적 지능, 논리적 지능, 언어적 지능, 공간적 지능, 대인관계 지능, 자기이해 지능, 자연탐구 지능이 있다.

아래의 사이트를 접속하면 56문항으로 본인의 다중지능을 검사할 수 있다. 어릴 때 미술학원, 수학학원, 음악학원 등 다양하게 다니면서 지능을 발달시키다가 결국 입시 때문에 획일화 되는 우리 교육의 현실은 어쩔 수 없다. 지금이라도 늦지 않았다. 한번 진단을 받아보자.

http://multiiqtest.com/

3. 성격유형 TCI (성격)

TCI는 기존의 다른 인성검사들과는 달리 한 개인의 기질과 성격을 구분하여 측정할 수 있다는 큰 장점이 있다. 이에 따라 인성 발달에 미친 유전적 영향과 환경적 영향을 구분하여 인성 발달과정을 이해하는 것이 가능한 검사. 기질과 성격을 종합적으로 평가하는 TCI를 통해서 한 개인의 사고방식, 감정양식, 행동패턴, 대인관계 양상, 선호, 경향 등을 폭 넓고 정교하게 이해할 수 있다.

12년간의 성격심리학, 발달심리학, 신경생물학, 약리학 등에 기초를 둔 종단 연구 끝에 4가지의 독립적인 기질 차원(자극추구, 위험회피, 사회적 민감성, 인내력)을 발견해냈다.

하지만 상기의 4가지 기질 모델만으로는 같은 기질 유형 내에서 잘 적응하는 개인과 그렇지 못한 개인을 구별하기 어려워서 이에 따라 3가지 성격 차원(자율성, 연대감, 자기초월)이 포함되었고 초반의 기질 모델에서 기질 및 성격 모델로 발전하게 되었다. 같은 기질 유형의 사람이라도 성격 발달의 차이에 따라서 서로 다르게 행동할 수 있다. 성격 차원들의 발달 양상을 통해 한 개인의 성숙도, 적응도, 정신병리 정도를 이해할 수 있다.

12

C Creative
창의적이어라

'상자 밖에서 생각하라Think out of the box.' 창의성을 발휘해야 할 때 참고하는 말이다. 말 그대로 상자를 벗어나서 생각해 보라는 뜻이다. 그러나 창의적인 생각을 해내기 위해 회의를 하고, 브레인스토밍을 하는 등 여러 노력을 하지만 상자를 벗어나기가 어렵다.

또 다른 방법으로 일하는 공간을 바꿔보아라. 독창적인 사고를 위해 자극을 받을 수 있도록 주변 환경을 바꿔보는 것이다. 나는 일이 잘 안 될 때 분위기가 다른 장소로 옮겨 작업하는 것을 좋아한다. 사무 공간에서 자리를 바꿔보기도 하고, 잠시 휴게 장소에 가서 생각을 해보기도 한다. 외부로 나갈 수 있을 때는 대학교 앞 카페나 직장인이 많은 사무실, 약간의 소음이 있는 도서관 휴게실, 아기

엄마들이 많은 카페, 지하철역사 안 카페, 차가 많이 다니는 도로 옆 카페 등. 새로운 아이디어가 필요하거나 일이 잘 안 풀려 머리가 아플 때는 다양한 연령대와 특정 직종의 사람들이 있는 새로운 분위기의 공간을 일부러 찾아 나서서 업무를 하곤 한다. 이렇게 공간, 사물 등 주변 환경을 바꾸거나 다른 사람을 관찰하며 영감을 얻을 때가 많다.

사람마다 다르지만 나는 너무 조용한 곳에서는 영감이 잘 떠오르지 않는다. 오히려 너무 조용해지면 내 스스로가 산만해져서 집중력이 흐려진다. 내가 일본에서 학부 생활을 할 때도 시험공부를 하려면 조용한 도서관을 찾지 않고 도쿄의 시부야 스타벅스를 찾아가서 공부를 하곤 했다. 시부야역 앞의 스타벅스 2층은 사람 구경하기 좋은 장소라 관광명소로도 유명하다. 카페 위에서 시부야역 쪽으로 내려다보면 역 플랫폼에서 교차로 신호마다 수없이 지나다니는 많은 사람들을 보면서 많은 생각을 하게 된다.

여기서 내가 하고 싶은 말은 사람마다 집중이 잘되고 좋은 아이디어가 나오는 환경이 다르기 때문에 본인의 성향에 맞게 물리적인 장소를 선정해서 진행하는 것이 좋다는 것이다. 환경의 변화는 정말 중요하다. 보통 어떤 사람들과 어울리는지, 내가 어느 곳에 가는지에 따라서 내가 생각하는 사고방식이나 삶의 기회 등은 그러지 않았을 때와 현저히 다르다.

또한, 얼마만큼 많이 알고 있느냐는 것은 대단한 일이 못 된다. 나는 그래서 그냥 학력이 좋은 사람들 흔히 가방끈이 긴 사람들이 무조건적으로 대단한 일을 한다고 생각하지 않는다. 실제로 비즈니스를 하다보면 학력이 무관한 경우가 많다. 지식을 많이 아는 것보다는 아는 것을 어떻게 살리고 있느냐가 중요하다.

보통 창의적인 사고 확장을 위해서 사람들은 브레인스토밍을 많이 하는데, 이 때 본인의 의견을 자유롭고 논리적으로 전달하는 것은 매우 중요하다.

나는 고객 CEO, 각 커뮤니티의 구성원들, 각 회사에서 프로젝트를 진행하는 사람들과 브레인스토밍을 자주 진행하는데 이 과정을 통해 생각을 구조화하기도 하고 새로운 아이디어를 얻기도 한다.

13

H (be) Honest
꾸미지 말고 솔직해라

Honesty is the best policy

블록체인 기술의 대표 특성으로 꼽히는 세 가지가 투명성, 보안성, 분산화이다. 그 중에서도 공공부문에서 필요하다고 생각하는 부분은 '투명성'이다.

"블록체인은 신뢰를 제공하는 기술이다."

인터넷 등장 이후 중앙집중형이 아닌 방법으로 신뢰를 확보하기 위한 다양한 시도 중 실증적으로 문제의 해결이 증명된 기술이 바로 '블록체인'이다. 인터넷은 주체들이 정보를 공유하고 확산하기 위한 기반을 제공해주었지만, 인터넷으로 인해 정보 공유가 확산되면서 정보 자체에 대한 신뢰 여부가 주요 문제로 대두되기 시작된 것이다. 블록체인 기술이 실생활에 대중화되기 전인 지금 우리는 실생활에서 이런 정보들을 검증하기 위해서 별도의 중앙 집중 기관을 설립하고 커뮤니티를 만들고 정보를 집중시키면서 위변조를 방지하는 방법으로 해결해오고 있다.

하지만 앞으로의 시대는 블록체인이 더욱 더 상용화 되면서 별도의 중앙 집중기관 없이도 원본과 동일한 정보가 전달됨을 보장하고, 전달 과정에서 위변조를 방지할 수 있으며, '투명성'을 제공하게 될 것이다. 부정부패를 막는 방법으로 정보공개라는 면에서 상당히 매력적이다. 하지만 시장 초기 단계이기 때문에 기술적인 부분에서도 지속적인 수정 및 체계 정립이 이루어져 가야한다. 이 책을 읽고 있는 당신도 지금 막 블록체인 기술이 확산되고 있는 이 시대를 살아가면서 조급해하지 말고 지속적으로 본인을 수정하고 보완하면서 체계를 정립해가면 된다.

'인간블록체인'이 가져야 할 역량 중, '솔직해져라.'고 내가 강조하는 이유는, 실제 블록체인의 우수한 기술 중 하나인 '투명성'과 연관 지어서 생각할 수 있다. 보통 블록체인 기술은 참여자를 한정하지 않는 개방형 블록체인 기술과 기업 및 기관을 대상으로 하는 허가형 블록체인 기술로 구분할 수 있는데 개인이 주된 대상인 우리는 개방형 블록체인과 접목시켜서 생각하면 좋다. 개방형 블록체인 기술은 불특정 다수를 대상으로 하고, 이를 이용한 응용서비스는 대상을 사전에 특정하지 않으며 누구나 자유롭게 참여하거나 탈퇴할 수 있는 것이 특징이다. 따라서 일정 규모 이상의 서비스 네트워크의 유지가 중요한 문제가 되는데 바로 '투명성 있는 일정 규모 이상의 서비스 네트워크 유지'를 '인간블록체인'이 해야 한다는 것이다.

또한 개방형 블록체인은 악의적인 참여자로 인해서 다양한 정보 교환, 서비스 교란을 방지하기 위해 거래 처리의 속도보다는 거래의 안정적인 처리에 집중하는데, '인간블록체인'도 속도전이 중요하지만 상호간의 안정적이고 안전한 거래를 위해서 관리를 가장 잘 해야 한다. 여기서도 중요한 포인트는 바로 '투명한 거래 내역 공개' 등 신뢰성이다.

실제 개방형 블록체인 기술은 중개자가 완전히 배제된 순수한 탈중앙형 서비스를 구현하기 위해 활용되는데 실제 우리가 블록체인 기술이 되는 것이기 때문에 '중개자'는 우리가 된다고 생각하면 된다.

사회생활을 하다가 본인의 무지를 제대로 인정하지 않고 모르는 것을 모른다고 제대로 인정하고 있지 않다가 대충 이해한 척 넘어갔다가 낭패를 본 적이 있을 것이다.

처음에 제대로 이해하지 못한 것을 그냥 어물쩍 넘기고, 혼자 일을 처리 했다가 제대로 이해하지 못한 것을 수습하려 여기저기 묻고, 찾아보면서 일을 두 번, 세 번 비효율적으로 하고, 그러는 동안 시간은 계속 흐르고 결국 뒤늦게 잘못과 무지를 인정하고 수정하려 했을 때는 이미 본인이 수습할 수 없는 일이 되어버리는 경우가 많다.

모르는 것을 모른다고 하는 것은 나쁜 일이 아니다. 내 잘못도 아니다. 제대로 인정하고, 묻고, 이해하면 된다. 하지만 모르는 것을 인정하지 않고 아는 척하다 실수하는 것은 정말 큰 잘못이다.

특히, 중심을 잘 잡아줘야 하는 '인간블록체인'이 이런 역량을 가지고 있지 않고 본인의 아집과 쓸데없는 자존심으로 대충 넘어갔다간 큰 코 다친다. 실제로 본인으로 인해서 많은 이해관계자들이 걷잡을 수 없는 리스크에 사로잡힐 수 있기 때문이다. 본인 스스로의 무지를 인정하고 그 분야에서 해결해줄 수 있는 사람, 정보를 찾아서 연결하고 검증하고 효율적으로 일을 진행할 수 있는 능력이 중요하다.

스스로에게 솔직해질수록 나에게 다가오는 기회는 더 많아진다. 나는 무지를 인정하고 깨닫는 것을 좋아하는 편이다. 항상 궁금한 것이 많고 호기심도 많다. 특히 심리학을 통해 인간과 사람의 마음을 공부하면 내 자신과 타인에 대해 얼마나 무지 했는가 절실히 느끼게 된다. 우리가 당연하게 받아 들여 온 사회의 관습과 문화 등이 나에게 어떤 영향을 주었는지, 과거와 현재, 그리고 미래의 관계가 어떤 원리로 이어져 있는지 아직 확실하게 규명된 것은 없다.

그만큼 알면 알수록 내가 무지하다는 것을 확인하게 된다. 실제로 인터넷에서 돌아다니는 농담이 있다. 학사는 자기 분야에 대해선 모르는 게 없다고 생각하고, 석사는 자기는 아는 것이 정말 아무것도 없음을 확인하며, 박사는 남들도 다 마찬가지임을 알게 된다. 마지막으로 교수는 기억나는 것만 가르친다. 학위가 높아지고 많이 공부할수록 이 세상에 대해 얼마나 무지한지 알게 된다는 내용이다. 고로 나는 내가 무지하다고 느낄 때마다 희열을 느낀다. 아직 깨어있다는 반증으로 받아 드리는 것 같다.

대부분의 사람들은 학위나 본인이 읽은 책의 권수로 본인의 무지함을 탈피하려고 한다. 하지만 실제로 경험하지 않고 이론이나 책으로만 이해한 세계다. 다시 말해 '안다고 착각'하는 것이다. 매 순간 이런 무지의 영역을 깨우쳐야 한다. 고 스티브 잡스도 늘 하던 말이 있지 않은가. "Stay hungry, stay foolish." 그가 성공했던 이유는 늘 본인의 무지를 인정하고 겸손했기 때문에 가능했던 것 아닐까.

최유진의 Tip 솔직해져서 한 단계 더 업그레이드 해보자!

1. 내 분야에 대해서 내가 모르는 영역은 무엇인가? 키워드로 쭉 적어 보자. ____________________

____

2. 그 중에서 지금 내가 가장 공부해야 하는 영역은?

____

3. 내가 알고 싶어야 하는 영역을 가장 잘 알고 있는 사람은 누구인가?

____

4. 그(그녀)에게 나는 어떻게 배울 수 있을까?

____

5. 무지를 깨우치기 위해 내가 해야 하는 3단계를 육하원칙으로 설정하자.

- 1단계: ____________________
- 2단계: ____________________
- 3단계: ____________________

14

A Aim 목표는 정확하게 정하면 이루어진다.

사실 앞서 내가 얘기해오는 것들이 시대적인 흐름이고 당연한 것이라고 생각하는 사람들도 많을 것이다. 결국엔 중요한 것이 이론적인 부분 보다는 정확한 목표 설정과 실행력인데 이번 장에서는 '인간블록체인'이 되기 위해서 목표를 정확하게 설정하는 법에 대해서 알아보도록 하겠다.

우리가 모르는 행선지를 가려고 할 때, 네비게이션에 목적지를 입력할 수 없다면 출발할 수 있겠는가? 과녁이 없다면 어떤 방향으로 활시위를 당기겠는가? 친구가 어디 있는지도 모르면서 친구를 만나러 가기위해 아무 기차나 탈 수 있겠는가? 아무 기차나 탔다가는 돌아왔다가 다시 출발해야 할지도 모른다. 대부분의 사람들이 짧은 길을 가기위해서는 아주 신중한 모습을 보이면서도 오히려 가장 긴 여행이 될 인생에 대해서는 너무나 과감하다. 인생은 리허설이 없음에도 사람들은 살아 본 후에 다시 자신에게 결정권이 생길 것처럼 행동한다.

나는 인생목표가 정확하게 있고 10년 목표, 5년 목표, 그리고 1년 목표도 있다. 지난해에는 10가지 큰 목표 중 9가지를 이루었다. 그 중에는 열심히 노력을 해서 이룬 것도 있지만 몇 가지는 생각지도 못한 곳으로부터 연락을 받아서 이루게 되었다. 단지 목표를 적어 보았다는 이유 하나 만으로 이루어진 듯 신기하기만하다. 이것이 바로 '인간블록체인'의 힘이다.

백지연의 〈자기 설득 파워〉라는 책에 보면 다음과 같은 내용이 나온다. 많은 사람들은 링컨이 위대한 대통령이 된 이유로 그의 집안은 찢어지게 가난했지만 늘 뒤에서 조용히 그를 격려하던 훌륭한 어머니를 꼽는다. 그리고 빌게이츠의 성공은 변호사인 그의 아버지와 개방적이고 교육적인 가정 분위기가 그의 지적 호기심을 자극했기 때문이라고 이야기한다. 그리고 영국의 마거릿 대처 수상은 누구보다 정치적 관심이 많았던 아버지 밑에서 자라면서 그녀의 집에서는 자주 마을 사람들이 모여서 열띤 정치 토론회가 벌어지곤 했는데 그것이 바로 그녀를 철의 정치인이라 불리는 여성 수상을 만든 원동력이었다고 말한다.

물론 그런 이유들이 어느 정도의 도움이 되었을 수는 있다. 그러나

만일 그 이유들이 전부라면 그들의 형제자매도 모두 성공한 위인이 되었어야 한다는 것이다. 그렇다면 비슷한 환경에서 자라면서 다른 삶을 사는 이유는 무엇일까? 그 해답을 백지연씨는 '자기설득파워' 라고 설명을 한다.

나도 이 이야기에 전적으로 동의한다. 사람은 환경적 동물이라 외부 환경의 영향을 받지 않을 수 없으나 더 많은 부분은 내부로부터 나오는 것이다. '정신이 행동을 지배한다'라는 말도 있듯이 사람은 내면의 가치관과 일치하는 외면적 활동을 할 때 가장 행복감을 느끼고 반대의 경우 스트레스, 부정적인 감정, 비관주의, 심지어는 분노와 좌절에 직면하게 된다. 위대한 삶을 창조하는 과정에서 스스로 책임지고 꼭 해야 할 을은 모든 일에서 가치관을 명료하게 정립하고 거기에 맞는 목표의식을 갖는 것이다.

같은 환경에서 누구는 성공하고 누구는 그렇지 못한 것은 성공요인이 외부에 있는 것이 아니라 내부에 있다는 것을 증명해주는 것이다. 그들은 같은 환경에서도 목표가 달랐고 목표를 이루기 위한 의지력 또한 달랐을 것이다.

세계적인 경영 컨설턴트인 브라이언 트레이시Brian Tracy는 어떤 일을 결정할 때의 영향력을 80:20법칙으로 설명을 한다. 80%는 내면에 의해서 그리고 나머지 20%는 외적환경의 영향을 받는다는 것이다. 필자 또한 주변의 많은 사람들을 보면서 많은 부분을 절감하는 내용이다. 예를 들어 어떤 모임에 나가기 싫다고 생각할 때 많은

사람들은 자신이 말한 것에 대한 책임 때문에 쉽게 결정을 못한다. 그런데 그럴 때 이상하게 거기에 맞는 이유가 생긴다. 아프다든가 사고가 난다든가 갑자기 상사가 일을 준다든가, 모임에 빠지더라도 욕먹지 않을 정도의 적당한 이유들이 만들어지는 것이다. 그것이 아마도 내면이 외면을 지배한다는 증거가 아닐까?

그렇다면 내면을 지배하는 방법으로 위에서 이야기했던 정확한 목표를 세울 것을 권하는 바이다. 정확한 목표가 있다면 거기에 따른 바른 가치관도 성립이 될 것이며 그것이 여러분을 원하는 목표의 근사치로 반드시 데려다 줄 것이다.

"성공으로 가는 엘리베이터는 작동하지 않는다. 그러나 계단은 항상 열려 있다."

성공은 자신의 목표를 정확히 하고 거기에 필요한 일들을 성실히 수행할 때 가능하기 때문이다. 건물에 해당하는 목표를 정확하게 세우고 계단을 한 계단, 한 계단 밟는 것만이 성공으로 가는 유일한 방법임을 잊어서는 안 된다.

15

I Insight 시야를 가져라!

비즈니스에서 성공하는 사람은 반드시 시대를 앞서 읽고 있다. 반대로 말하면 시대의 흐름을 먼저 알고 있었기에 성공할 수 있었던 것이다.

꼭 회사를 경영하는 입장이 아니더라도 트렌드를 읽는 일은 직장인에게 중요하다. 단적인 예로 나중에 어떤 직업이 사라질 것인지, 어떤 직업이 유망할지 미리 알고 대비하면 일변하는 사회에서 살아남을 수 있다. 예전에 내가 '일자리혁명 2030' 이라는 책을 읽으면서 SNS상에서 라이브 방송을 진행한 적이 있었는데 굉장히 반응이 좋았다.

그러면 이번에는 타의가 아닌 자의로 생활 속에서 트렌드 인사이트를 향상시킬 수 있는 방법을 알아보자.

먼저, 시사 주간지를 읽자!

트렌드를 읽기 위해 정보 수집은 기본이다. '인간블록체인'의 기본은 사람과 사람, 정보와 정보를 연결하는 연결력에 있기 때문에 트렌디한 정보를 늘 파악하고 있는 것은 중요한 사항이다. 하지만 바빠서 정보를 수집할 시간이 없다면 좋은 방법이 하나 있다. 한 주간의 주요 사건이 일목요연하게 정리된 정보와 전문가의 견해가 함께 들어있는 시사주간지를 보는 것이다. 설사 본인이 하는 일과 무관하더라도, 사회의 전반적인 이슈를 알고 넘어가는 것이 꼭 필요하다. 동료들과의 대화뿐만 아니라, 사회의 이슈들이 회사의 상황과 연관이 있는 경우도 종종 있다. 회사 일을 하다 보면, 회사의 공간과 업무에 갇혀 사회와 멀어진다는 느낌이 들 수도 있다. 세상에 맞닿아 현실 감각을 유지해야 한다.

물론 신문을 매일 부지런히 읽은 것만큼의 섬세한 정보 수집에는 못 미치겠으나, 대략적인 시대의 흐름을 파악하기에는 시사주간지만 한 것이 없다. '시사'라는 말 자체가 "그 당시에 일어난 여러 가지 사회적 사건"이라는 뜻이다. 트렌드를 공부하면서 안 읽을 이유가 없다. 시사주간지는 여러 종류가 있지만, 사유의 균형 감각을 위해서는 이념과 성향이 대척하는 2개 이상을 동시에 읽는 것이 좋다고 생각한다. 서점에서 전체적으로 한번 살펴보시고 잘 읽힌다 싶은 것을 2개 선택해 읽으면 좋다.

여담이지만 내가 가장 좋아하는 조합은 시사인과 주간조선이다.

시사인은 이른바 진보 성향, 주간조선은 보수 성향이다. 물론 다른 시사주간지들도 훌륭한 것이 많지만, 내 경우에는 이 2가지가 필진의 글맛이 가장 좋게 느껴진다. 그렇게 진보 성향과 보수 성향의 시사주간지를 읽으면서 어느 한 쪽으로 치우치지 않은 의견을 가지고 다양한 사람들과 연결되려고 노력한다.

두 번째로, 서점의 베스트셀러 코너에 가서 수시로 트렌드를 체크하는 것이다. 재미있는 현상이지만 책을 좋아하는 사람일수록 "난 베스트셀러 같이 남들 다 읽는 건 안 봐"라고 말하는 경향이 있다. 그도 그럴 것이 베스트셀러는 일종의 '붐'이라고 할 수 있다. 팔리는 시기도 짧다. 오늘의 베스트셀러 1위가 다음 달에는 아예 순위에서 보이지 않는 현상도 잦다. 사실 베스트셀러는 그래서 의미가 있다.

지금 이 순간 현대인의 요구가 가장 잘 나타나 있는 것이 바로 '베스트셀러' 이다. 정리법에 관한 책이 베스트셀러 순위에 많이 올라와 있다면 구질구질한 삶에 질린 현대인이 많다는 의미이다. 공부법에 관한 책이 많으면 자의든 타의든 공부를 하고 싶은 현대인이 많다는 의미이다. 힐링이 어쩌니 공감이 저쩌니 하는 베스트셀러가 많으면 고단한 삶에 지쳐있다는 의미이다. 유행하는 것에는 다 이유가 있다. 사람들이 안고 있는 불안과 고민이 무엇인지 알고 싶다면 베스트셀러 목록을 연구하는 것이 좋다.

세 번째로, 정보 중에서 '스캔들'이나 '가십'은 멀리하자! 이다.

시대를 읽을 때 가장 먼저 참고할 것은 매스미디어다. 텔레비전, 라디오, 신문, 잡지 등 수많은 매스미디어가 있고, 트렌드를 잘 읽으려면 이것들은 기본으로 잡고 있어야 한다. 하지만 그중에는 쓸모없는 정보도 많이 있다. 대표적인 것이 연예인의 가십과 스캔들 뉴스이다. 모 아이돌이 이혼했다, 연예인이 불륜을 저질렀다, 배우 누가 재계약 문제로 사무실과 마찰 중이다. 등등. 이 같은 이야기는 무시해도 상관없다. 희한하게도 가십과 스캔들의 대부분 내용은 타인의 불행한 이야기이다. 타인의 안 좋은 이야기를 듣고 흥미로워하는 것은 시간 낭비일뿐더러 전혀 유익하지 않다. 남의 불행이 곧 나의 행복이라는 듯한 행동은 인간으로서 못난 구석을 잘 보여주는 것이다. 오히려 이럴 시간에 시사주간지, 유행 파악에 더 힘을 써라.

네 번째로 광고라고 그냥 넘기지 말고 다 보아라!

좋아하는 TV 프로그램을 기다리는 동안 대부분 사람은 화장실에 가거나 먹을 것을 가지러 부엌에 간다. 광고를 피해 채널을 돌리기도 한다. 확실히 광고라는 것은 특정 제품이나 서비스의 소개이기 때문에 관심이 없으면 지루하게 느껴진다. 하지만 최신 트렌드를 공부하는 시간으로 생각해보면 어떨까? 광고는 주로 신상품, 새로운 제품, 획기적인 서비스를 다루고 있다. 굳이 백화점에 가지 않고도 거실에 편하게 앉아 최신 제품과 서비스 동향을 읽을 수 있다. 나는 2개월에 한 번씩 미용실에 가는 시간이 모든 광고를 섭렵할 수 있는 시간이다. 2~3시간동안 잡지란 잡지는 모두 다 읽으면서 공통된 광고, 신상품 등을 캐치해낸다. 이것은 주식 투자를 할 때도 연관이 있다. 생활 속에서 종목을 잘 발굴해내는 사람들을 보면 광고나 트렌드에 민감하게 반응하고 빨리 캐치해 낸다. 또한, TV 광고는 '15초의 예술'이라는 말이 괜히 있는 것이 아닌 만큼 극도로 제한된 짧은 시간 내 다양한 정보를 제공한다. 어떻게 하면 핵심 메시지를 신속하고 효과적으로 전달할 수 있을지 끊임없이 고민하는 전문가들이 만드는 것이다. 광고를 연구하면 단순히 시대를 읽는 데 도움 되는 것에서 그치는 것이 아니라, 직장인의 필수 소양인 '커뮤니케이션 능력'이 비약적으로 상승할 수 있다.

다섯 번째로 '해외 정세에도 관심을 갖자!' 이다. 한국에서만 유행하는 트렌드가 있는데 그것에만 집중하느라 세상 밖에서 일어나는 일을 보지 못하는 경우가 있다. 창의적인 생각을 연결하려면 한국에서, 전 세계에서 어떤 움직임이 있는지 올 한 해의 트렌드와 흐름을 파악하고 있어야 한다.

나는 이러한 이유 때문에 홍콩, 일본, 베트남, 말레이시아 등 다양한 나라를 여행하고 출장 다니며 시야를 넓히기 위해서 1~2 달에 한 번씩은 무조건 해외를 나가는 시간관리를 한다. 백문이 불여일견이라고 실제로 언론에서 접하는 많은 해외 정세들을 직접 가서 보고 느끼면 거기서 응용해서 새로운 비즈니스에 접목시킬 수도 있고 또 다양한 인적 네트워크도 생긴다. 또 답사를 통해서 경제 방송에서 생생하게 알려줌으로써 많은 사람들로 하여금 공신력과 영향력 지수도 더 높아지게 된다. 2017년 10월에 일본에 다녀온 후 일본에서 비트코인이 법정화폐로 인정되고 나서 실생활에서 다양하게 활용되는 것을 보고 그 당시 시세보다는 올라갈 것이라는 확신이 생겼고 실제로 투기 세력으로 인한 비정상적인 가격형성 이후에도 작년 10월 기준보다는 가격이 올라가 있는 상황이다.

'트렌디하다'라는 말은 '세련되다'라는 의미보다 훨씬 광범위하게 사용되는 말이다. 정치, 경제, 문화, 예술 등 모든 분야에 걸쳐 트렌드가 있으므로 언론에서 언급하는 것 외에도 나의 관심 분야의 트렌드를 알고 있으면 도움이 된다. 트렌드를 알기 위해 한글 검색어나 한글 검색 엔진만 이용하지 말고 구글도 활용해보라.

마지막으로, 역사는 반복된다! 역사 공부도 필수!

어떤 부류의 사람들은 미래를 예측하기 위해 앞만 보는 경향이 있다. 미래 예측을 위해 앞을 보는 것은 당연하지만, 그에 못지않게 중요한 것이 바로 역사이다. 역사는 반복된다. 현재 벌어지고 있는 일은 과거에 이미 일어났던 일이다. 물론 세부적으로 뜯어보면 형태는 조금 다르지만, 사건의 큰 개요는 거의 유사하다.

예를 들어 “세금이 오른다고 한다. 앞으로 사회는 어떻게 될 것인가?”라는 질문의 답은 과거의 선례로 충분히 짐작할 수 있다. 일찍이 근세 독일의 정치가 비스마르크는 “어리석은 자는 경험으로 배우고 현명한 자는 역사로 배운다”라고 말했다. 역사를 배우는 것은 불필요한 경험 낭비를 줄이는 일이며, 미래에 대한 통찰력을 닦는 것과도 같다.

16

N Network
네트워킹 스킬이 핵심이다.

회사에서 직원의 성과를 향상키는 일부터 외부 사람들과의 관계 관리까지 모두 네트워크 스킬이 필요하다. 이처럼 사회생활을 하는데 네트워킹 스킬이 중요하다보니 대학생이나 직장인들은 인맥관리 모임이나 네트워킹 행사에 참석해 사람들과 관계를 맺기 위해 노력한다. 그러나 필요성 때문에 억지로 참석한 네트워킹 행사에서 모르는 사람들과 만나는 것이 어색해 맞지 않는 옷을 입은 사람처럼 쭈뼛하기도 하고, 때로는 출석 확인만 하고 오는 경우도 많다.

Know-how보다 Know-who가 더 중요한 지금 시대에서 네트워킹은 우리 삶의 한 방식이고, 우리는 모두 네트워크 한다. 사실 '인간블록체인'에서 가장 중요한 스킬이다.

그렇다면 네트워킹의 달인이 되는 방법은 무엇일까?

네트워크는 사람들끼리 서로 이야기 하고, 생각, 정보, 자원을 공유하는 것이다. 이미 만들어진 산물로서의 네트워크가 아니라, 사람과 사람, 그리고 그룹과의 연결을 만들어 내는 커뮤니케이션이다. 사람들은 네트워크를 통해서 도움을 받고, 정보를 교환하고, 사회를 변화 시키고, 생산성을 높이고, 자원을 공유한다. 네트워크에서는 우리가 아는 어떤 방법보다 빠르고 효과적이고 첨단의 방법으로 정보를 전달 받을 수 있다.

지식 네트워킹은 정보를 얻을 수 있는 가장 쉬운 방법이다. 네트워크는 수직적인 것에서 수평적인 것으로 힘을 이동 시켰고, 그 결과 개인들의 삶을 완전히 자유롭게 했다. 네트워크 환경에서의 보상은 다른 사람을 짓밟고서가 아니라 다른 사람을 더욱 치켜세워 성장시키고 강하게 함으로써 얻을 수 있는 것이다. 사람들은 이동하는 동물이고 그룹의 일원으로서 안전을 추구하는 경향이 있어서 모임을 만들 수 있고 그 모임의 다른 사람과 협동하는 과정에서 공동체의 일원이 됨으로써 자신이 원하는 것을 획득할 수 있다.

네트워킹을 통해 인생의 항로를 바꾸고 싶다면 중요한 기회가 찾아왔음을 안다. 새로운 경험과 새로운 만남을 추구한다. 주변에 있는 사람들에게서 배운다. 가능하면 가장 좋은 사람들을 주변에 둔다. 네트워킹의 가치가 값을 따질 수 없을 만큼 귀중하다는 것을 믿고 행동했을 때 비즈니스가 성장하고 당신이 기대할 수 없는 효과도 얻는다. 사람들과 접촉을 만드는 것이 네트워킹의 시작이며 처음 만난 사람에게 재화든 서비스든 판매하려고 하는 것이 잠재적인 네트워킹 관계를 시작하기도 전에 망쳐버리는 지름길이다.

네트워킹은 미래의 직업 가능성에 대해 아주 새로운 시각을 갖게 하고 우리에게 의미 있고 평생 가는 관계와 물질적이고 정신적인 풍요와 전문가로서의 성공과 개인적인 성취의 만족을 가져다준다.

커넥팅 된 사람은 네트워킹이 얼마나 강력한 도구가 될 수 있는지 알고 있기 때문에 새로운 장소나 환경에 처해도 미래의 성공적인 사업을 위하여 가치 있는 만남이 되게 하려고 노력한다.

우리가 인생에서 성공할 수 있는 방법은 우리에게 사업에 관해 가르쳐 줄 수 있는 사람들을 만나는 것이다. 그렇게 하려면 항상 호기심을 갖고 질문하고 답변을 잘 들어야 한다. 모든 사람으로부터 배워야 한다. 자신에게 기회를 줄 수 있고 돈을 벌 수 있고 당신과 관심사가 비슷한 사람들과 만남을 계속 유지해야 한다.

네트워킹의 철학은 '다른 사람의 성공을 돕는다면 당신도 성공한다는 것'이다. 네트워킹은 단지 선택된 몇 사람만을 위한 방법이 아니라 다른 사람의 성공을 도우려는 모든 사람을 위한 것이다. 그리고 가능한 한 많은 사람에게 자신의 큰 꿈과 목표에 대해 이야기한다. 네트워킹은 당신의 명함을 주는 것 이상이다. 원하는 결과를 얻기 위한 네트워킹은 많은 시간과 노력이 필요하지만 그 결과는 당신이 생각하는 것을 넘어설 것이다.

네트워킹은 단순히 비즈니스만을 위한 것은 아니다. 네트워킹은 실질적으로 우리가 무언가를 이룰 수 있는 다양한 도구가 되고 우리의 개인적인 삶에서도 매우 중요한 역할을 한다. 실제로 내가 다양한 네트워킹 모임을 통해서 많은 사람들에게 도움을 준 적이 많았는데 그 때 네트워킹의 힘을 크게 실감했다. 제일 크게 힘이 되었던 것은 헌혈증을 최대한 많이 모아서 보내주는 것이었는데 내가 운영하는 모임이나 속해있는 모임에 헌혈증 기부를 부탁해서 하루에 모았던 양이 100장이 넘었다. 우리는 모두 목표를 이루기 위해 도움이 필요하다. 네트워킹은 그러한 도움을 찾고, 도움을 줄 수 있는 열쇠가 된다.

경험 많은 네트워커들은 네트워크를 확장하고 강화하는 가장 빠른 방법은 네트워킹이 이루어지는 모임에 규칙적으로 참가하는 것이라는 것을 잘 알고 있다. 공통 관심사를 가진 사람들을 가까이에 많이 두고 있다면 상호이익에 기초한 연결과정은 수월해진다. 체계화된 연락과 만남 관리 시스템은 미래의 네트워킹 성공을 위하여 중요하다.

'비즈니스 네트워크를 확장하는 좋은 방법은?'

네트워킹이란 당신이 원하는 것을 얻기 위하여 당신의 커넥팅을 이용하는 것이다. 무엇을 아느냐가 아니라 누구를 아느냐가 중요하다.

항상 명함을 지니고 다녀라 명함은 말없는 세일즈맨이다. 어떤 모임에서든 다섯 명의 새로운 사람을 만나도록 노력하라. 아는 사람의 범위를 확장하는 것이 중요하다. 네트워킹은 활동적인 행위이다. 낯선 사람에게 다가가서 자기 자신을 소개하는 노력을 해보라.

1. 새로운 네트워킹 모임에 정기적으로 참여하라. 유용한 정보와 지식을 얻을 수 있다.
2. 누구에게나 말을 걸어라. 장차 어떤 사람이 당신 옆에 있게 될지는 알 수가 없다.
3. 다른 사람이 말하도록 하라. 공통관심사를 찾아내고 그 사람이 무슨 일을 하는지 확실히 알아내라.
4. 다른 사람을 도와주고 타인 지향적이 되어라. 당신이 만나는 사람에게 어떤 도움을 줄 수 있을 지를 살펴봐라.
5. 당신의 전문적 지식을 이용하여 그룹을 도와라. 사람들에게 말을 걸 이유를 제공해 줄 것이다.

최유진의 Tip "Know-how에서 Know-Who의 시대로" "Know-Who에서 Know how to connect의 시대로!"

성공하기 위해서 중요한 것은, '당신이 누구를 만나는가' 하는 것이다. 당신이 만나는 사람들은 당신에게 영감을 주어야 하며 성장하게 하여야 한다.

그러니 '아무나 만나지 마라.' 하물며 데이팅 애플리케이션, 소개팅 애플리케이션도 아만다(아무나 만나지 않는다)라는 애플리케이션이 왜 성공 했겠는가. 존경 받는 사업가의 영향력은 그의 비즈니스 커뮤니티에서 아주 큰 영향력이 있고 나의 이미지와 성공에까지 영향을 준다.

다른 사람들이 당신을 알도록 만들어야 한다. 그러기 위해서 가장 좋은 방법은 '다른 사람들을 돕겠다는 본능'을 자극하는 것이다.

우리의 마음 깊은 곳에는 다른 사람이 도움을 필요로 한다는 것을 인식했을 때, 남을 돕고자 하는 충동이 있다. 네트워킹을 위한 네트워킹의 숙련된 행동을 완벽히 익히기 위해서는 시간, 집중력, 그리고 꾸준한 연습이 필요하다. 실제로 다른 사람을 돕겠다는 본능을 자극한 뒤 네트워킹에 참여한 사람과 사람을 연결하라.

'이 사람은 이런 일을 하고 있고, 이런 점이 참 대단한 사람이다.'

이 포인트를 제대로 타인에게 소개할 수 없는 사람이라면 스스로도 이 사람의 장점을 알지 못하는데 누구에게 소개해서 커넥팅 할 수 있을까? 과연 그 사람을 보는 다른 멤버들이 그를 존중하거나 관심있게 지켜볼 수 있을까? 여러 사람들을 커넥팅 해놓고 반복적으로 피로도와 업무 가중을 늘린다고 한다면 대체 이 네트워킹은 무엇을 위한 것인가 존재 자체가 흔들리게 된다. 봉사활동 단체가 아닌 이상 타인을 위해서 자발적으로 자신을 희생할 사람은 없다. 따라서 개개인이 무엇을 바라는지 늘 고민해야 하고 그들의 바람을 다른 사람들이나 상황, 단체행동을 통해 충족할 수 있게 해주어야 한다.

3장

어떻게 하면 '인간블록체인' 인재가 될 수 있는가?

17

실행하여라, 기회는 준비된 자에게 온다

"최유진 대표님! 속도 좀 줄여주세요 너무 무서워요."

나와 같이 일을 진행하는 파트너들이 늘 하는 얘기다. 일처리가 너무 빠르다고 하는 것이다. AI를 능가하려면 당연히 창의적인 사고를 빠르게 처리해내는 것이 경쟁력이 아닌가.

흔히 학생들에게 '좋은 책을 많이 읽어라'는 조언을 한다. 책을 읽는 것도 중요하지만 100번 보는 것보다 1번 실천하는 것이 더 중요하다. 매일 한 번씩 실천해보자. 조금씩 천천히 변하는 자신을 느낄 수 있을 것이다.

'말할 기회가 없어서.'

발표나 영어 프레젠테이션, 면접을 앞두고 많은 사람이 걱정을 한다. 남 앞에서 스피치 하는 데 어려움을 느끼기 때문이다. 평소처럼 자신의 개성을 살려 말하면 된다고 조언을 해주면 남들 앞에서 말할 기회가 별로 없어 어색하다고 말하곤 한다.

강의를 하고 컨설팅을 하고 있지만 나는 타고난 스피커가 아니다. 말했다시피 나는 타고난 스피커가 아니었기 때문에 크고 작은 실수를 하곤 했다. 나는 기회만 되면 크든 작든 가리지 않고 행사나 세미나의 사회를 맡아 진행하며 나를 알렸다.

대학 총동창회에서 매년 사회를 맡고 있다

이러한 경험들이 현재 하는 컨설팅과 강연에 도움이 된다. 내 주변에는 타고난 스피커들도 많다. 그들과의 경쟁이 힘들기도 했지만, 스스로 기회를 만들려고 노력하자 나중에는 주변에서 기회를 먼저 제안받는 스피커가 될 수 있었다.

'기회가 없어서'라고 말하는 대신 어떻게 기회를 만들어야 할지를 생각해보라. 스스로 기회를 만드는 방법을 잘 모르거나 막연하다고 느끼는 사람들을 위해 몇 가지 팁을 소개하겠다.

스스로 기회를 만드는 법

1. 동굴 밖으로 나와라.

   나만의 동굴에 들어가 있으면 누구도 알아봐주지 않는다. 기회도 오지 않는다. 우리나라처럼 동호회 문화가 활발한 곳도 없다. 공부가 걱정이라면 스터디 모임을(요즘은 '소모임'이라는 애플리케이션이 활발하게 운영되고 있다) 이용해보라 그리고 나의 정보를 꾸준히 업데이트하자. 인터넷이라는 정보의 창을 잘 활용하라.

2. 멘토를 찾아보자.

   학교 선배나 직장 선배, 친척 중에서 나만의 멘토를 찾아보자. 그리고 멘토와 자신이 고민하는 문제에 대해 이야기를 나눠보자. 사람과 사람이 만나서 나누는 정보의 시너지는 생각보다 크다. 회사에서 멘토가 있는가? 선배를 멘토로 삼고 싶다고 말해보라.

후배가 멘토링을 요청했을 때 거절하는 사람은 없다.

3. 인맥, 내가 만들어가는 것이다.

링크드인은 지금 있는 환경에서 벗어나 동굴 밖으로 나가고 싶을 때, 또 정보를 얻고 싶을 때 활용하기 좋은 플랫폼이다. 직접 사람을 만나 인맥을 만들고 싶다면 오프라인에서 열리는 다양한 행사나 강연에 참석하라. 다양한 분야에서 일하는 사람들을 만날 수 있다.

4. 일자리 창출? 일거리 창출!

실제 내가 일본에서 학부생활을 하면서 일본 증권회사에서 일을 할 수 있었던 것은 스스로 기회를 만들었기 때문이다. 사실 내가 근무했었던 히마와리 증권이라는 회사는 지금은 리만사태 이후 회사가 경영 위기를 겪으면서 없어진 회사이지만 내가 근무했던 당시에는 FX(외환거래)로 꽤 인지도가 있는 온라인 증권회사 중 한 곳이었다. 그 회사에서는 일본인 대학생들 상대로도 인턴이라는 제도가 있지도 않았는데 내 스스로가 한국 증권회사 또는 선물거래회사가 FX 비즈니스를 하려면 일본 또는 미국에서 호가 제공을 하는 회사와 연계해야 한다는 한국 금융당국의 규제가 있다는 것을 대학교 2학년 때 기사로 접한 뒤 인지도 있는 증권회사 3곳에 콜센터로 연락해서 나를 채용해야 하는 이유를 설명하고 이례적으로 회사에서는 뽑지도 않았던 대학생 직원을 채용하게 되었다. 어떻게 보면 나는 이 때부터 자신감을 크게

얻었던 것 같다. '기회는 주어지는 것이 아니라 만드는 것이다.'

'기회는 항상 있다.'

정보를 모르거나 마음이 급해서 보지 못하는 것일 뿐이다.

'이걸 하면 성공할 수 있을까?' 해보기 전까지는 아무도 정답을 알 수 없다. '창업했다 망하면 어떡하지?' 한 20대 청년은 하루에 약 1,000원, 1달러로 한 달을 살아보기로 한다. 그렇게 사는 데 성공하자 적어도 창업을 했다 망하더라도 살 수는 있겠다는 생각에 회사를 창업한다. 테슬라의 CEO 일론 머스크가 밝힌 창업 일화이다. 그의 '1달러' 도전과 실천이 없었다면 테슬라는 탄생하기 힘들었을 것이다.

무엇인가를 시도한 처음부터 바로 성공할 순 없다. 나 역시도 수많은 것들을 해보면서 실패도 했었고 시행착오도 겪었고 주변에서 욕을 들은 적도 많았다. 하지만 무엇이든지 도전하고 실행해 본 결과 성공하는 경험들이 점점 많아지고 나에게 정말 생각지도 못한 많은 기회가 왔다.

실패할까 두려워하지 말고 무조건 부딪히고 막 던져봐라.

내 몸을 온전히 다양한 실행의 바다 속으로!

18

품을 수 있는 것과 버려야 할 것들은?

항상 사람은 우선순위를 정해야 한다.

내가 못하는 것과 잘하는 부분이 있다면 일을 제대로 못하는 사람의 경우에는 못하는 일을 붙잡고 해결하다가 시간을 다 보낸다.

자신없는 부분을 품고 있으면서 해결하겠다고 시간을 보내는 것보다는 내가 잘하는 것, 당장 할 수 있는 일을 먼저 하는 to do list를 정하는 것이 일을 잘하는 방법이다.

품을 수 있는 것 vs 버려야 할 것

나에게 직업 상담을 하는 많은 분들의 가장 큰 고민은 현재 하고 있는 일, 해야 할 일과 하고 싶은 일이 다를 경우다. 사회나 회사가 원하는 '남이 시켜서' 해야 할 일과 '내 마음이 시키는' 내가 하고 싶은 일이 다른 경우 먹고 살기 위해 어쩔 수 없이 일을 해야 할까? 모든 걸 다 버리고 하고 싶은 일에 올인해야 할까? 해야 할 일 때문에 하고 싶은 일을 할 수 없다면 어떻게 해야 할까?

나 역시 현재 하는 일을 좋아하지만 호기심이 많기 때문에 항상 하고 싶은 일들이 미친 듯이 생긴다.

그러나 해야 할 일이 많고 하고 싶은 일을 다 할 시간이 없어 스트레스를 받을 때가 있다.

그럴 때는 내가 해야 할 일, 하고 싶은 일, 잘하는 일 목록을 써내려 가보자.

나는 해야 할 일과 하고 싶은 일이 다를 경우, 아래처럼 순서대로 쭉 나열해 보곤 한다. 만약 해야 할 일이 너무 재미없고 매너리즘에 빠질 때가 있다면 '내가 하고 싶은 일'부터 하나씩 지워나가보자. 아래는 내가 써내려가 보는 예시이다.

■ 해야 할 일

- 경영컨설팅 관련해서 전문가를 찾아서 사람과 사람을 연결하는 일
- 정보와 정보를 연결하는 일
- 대외적으로 나와 연결된 사람들에 대해서 더 알리고 플랫폼을 활성화 시키기

■ 하고 싶은 일

— 평생 사람들에게 영감을 주는 일

— 많은 사람 앞에서 강연하기

— 사람들의 진로 및 각종 고민 정리해주기

— 사람들이 AI를 이길 수 있는 경쟁력 만들어주기

— 전세계 사람들과 블록체인화 되기 위한 외국어 계속 배우기

■ 잘하는 일

— 무대체질. 방송 등에서 당당하고 센스있음.

— 남녀노소 누구를 만나더라도 아이스 브레이킹을 잘 함.

— 다양한 분야의 인맥과 연결되어 있음.

— 호기심이 아주 많음.

— 외국어 능력.

'해야 할 일, 하고 싶은 일, 잘하는 일' 작성하기는 일상생활의 활력을 되찾고 동기부여에도 도움이 된다. 이전에 나에게 회사 상사때문에 스트레스를 받는다고 고민상담을 한 동생이 있었다. 그 동생에게 그렇게 스트레스를 받으면 다 던지고 반차나 월차를 써서 휴식을 하거나 당일치기 여행을 다녀오라고 조언해 준 적이 있다.

그녀는 여행도 귀찮고 아무것도 하고 싶지 않고 무기력하다고 했다. 그럴 때 그녀에게 함께 '해야 할 일, 하고 싶은 일, 잘하는 일'

을 적어보자고 권했다.

나는 이 list를 적은 종이를 매일 들고 다니는 다이어리에 넣고 다닌다. 그러면서 이 list에 대해 단 하루도 잊지 않으려고 거기에 맞춰 행동해왔다.

실제로 20살 때부터 싸이월드, 카카오스토리, 인스타그램, 페이스북에 강의 및 내가 하는 활동들에 관련된 정보를 올리고, 일본 유학 생활부터 일본회사경험 및 각종 활동 분야 등을 나와 같은 분야에서 일하는 직장인들과 금융권 취업을 목표로 하는 학생들에게 정보를 공유하는 창구로 활용했다. 결과적으로는 그러한 활동들이 모여서 내가 사람과 사람, 정보와 정보를 잘 연결하는 사람으로 불리게 되었고, 현재는 여기저기 금융업 강의나 멘토링, 경제 방송출연 등을 요청받는 일이 많아졌다.

많은 사람들이 항상 "어떻게 그렇게 다양한 일을 하느냐?'는 질문을 하는데, 나는 다음과 같이 대답하곤 한다.

"나는 금융 쪽 분야의 전문가가 되어 고객들에게 제대로 된 지식을 전달해주는 게 목표였어요. 하지만 다양한 사람을 만나고 제가 하고 싶은 일들을 빠짐없이 해가고 싶은 욕심을 내다보니 제가 현재 즐기면서도 잘할 수 있는 것이 무엇인지 파악하고, 실속있는 컨텐츠와 함께 빠른 실행을 하다 보니 정말 많은 기회가 생기더라고요. 제가 하고 싶은 일과 잘하는 일을 제 성향과 융합하여 해 나가다 보니 어느 샌가 인간블록체인이라고 불리기 시작했어요."

당신은 해야 할 일을 능동적이고 주도적으로 하고 있는가? 항상 내가 해야 하는 일, 하고 싶은 일, 잘할 수 있는 일들의 리스트를 자주 업데이트 하여 버려야 하고 품어야 하는 것들을 빨리 정리하여라. 남들에게 무엇을 해야 하는지 조언을 받은 것도 좋지만 남들이 하는 경험과 내가 하는 경험은 다르기 때문에 항상 냉정하게 품고 버려야 할 것들의 리스트를 매번 정리 해주는 것이 좋다.

19

남과 조금 '다름' 미친 듯이 폭발시키기

'겸손은 더 이상 미덕이 아니다.'
우리는 어릴 때부터 귀에 못이 박히게 들어왔다.
'튀지 말아라'

그렇게 튀는 행동을 하지 말라는 주입식 교육을 받으며 평범하게 자라왔는데 막상 대학을 졸업하고 취업준비를 할 때 각종 기업들은 남과 다른 독특하고 튀는 개성을 보여달라고 한다. 항상 남과 같지 않은 '다름'에 대해 컨트롤을 받으며 살아왔던 우리나라 학생들이 얼마나 개성을 뽐낼 수 있을까? 그리고 회사에 들어가게 되면 다시 개성을 죽이기 마련이다.

앞으로의 시대는 자신만이 독특함과 다름이 없으면 살아남기 힘들다. 실제로 4차 산업혁명에서는 남과 같은 고만고만한 인재로 머물러서는 장기적으로 살아남을 확률이 낮을 뿐만 아니라 고액연봉을 받기도 힘들다.

그렇기에 남들과 같은 one of them 이 아닌 only one이 되어야 한다. 조금이라도 다른 남다른 개성이 있어야 한다는 말이다. 그러면 남과 조금의 다름, 나만의 창의성과 역량을 키우려면 어떻게 하면 좋을까? 남다름은 타고난 게 아니라 트레이닝으로도 충분히 키울 수 있다. 여기 내재된 역량을 키울 수 있는, 간단하고 창의적인 사고방식 트레이닝방법이 있다.

예를 들면, 종이를 하나 꺼내고 가운데에 크게 '5kg 다이어트'라고 적는다. 그 주변 칸에는 '인스턴트 음식 먹지않기', '주 4회 헬스장방문', '매일 식단일기쓰기' 등으로 세부적인 계획안을 채워나간다. 내 자신이 커넥터가 되기 위한 네트워킹 스킬을 발전시키는 방법을 찾을 때는 내가 실행할 목표를 정한 뒤 다양한 상황에서 세부적으로 아이디어를 발산시켜 해결책을 써 내려 가보자.

'미쳤다는 소리, 한 번쯤은 들어보자!'

때로는 미쳤다는 소리를 듣는 행동을 할 필요가 있다. 남들처럼 하면 평균이 될 뿐이다. 남들과 다르게 행동해야 다른 결과를 얻을 수 있다. 지금 남들과 비슷하게 쳇바퀴 굴러가는 듯한 똑같은 삶을 살고 있다면 미래에 먹고 살 걱정을 해야 한다. 진심이다. 내가 이걸로 어떤 것을 만들 수 있을지는 남들이 말하는 '미친 짓'을 해보지 않고는 알 수 없다.

나는 매번, 항상 듣는다. "유진아, 너는 진짜 미친 거 같다."

최유진의 Tip

이제는 더 이상 남과 같아져서는 안 된다.

정말 작은 단 하나라도 남과 다른 면모가 있다면 그 부분을 미친 듯이 폭발시켜라.

위 알려준 트레이닝 방법으로 내 자신의 다른 점 또한 찾아낼 수 있으며 타고난 것이 아니어도 된다. 지금부터라도 당장 준비하자.

20

언어는 '인간블록체인'의 핵심

글로비시와 외국어

다양한 외국어를 공부하고 전세계 많은 사람과 연결되어라.

"Don't speak English! Speak Globish!"

수십만 단어의 영어가 필요한 것이 아니다 몇 천개의 단어로 글로비쉬가 될 수 있다! 글로비쉬는 영어를 대체해서 사용할 수 있는 간편한 도구다. 영어를 모국어로 하지 않는 대다수의 세계인과 블록체인화 되는데 꼭 필요한 단어만 공부하면 된다.

일상생활, 정치, 경제 이슈까지 사회전반을 포괄하는 문장 정도만 공부하면 된다. 가장 기본적인 글로비쉬 단어로 생각하고, 본질은 '내가 글로비시로 세계인들에게 하고 싶은 말을 만드는 습관을 만드는 것' 이것이 바로 글로비쉬 정신이다.

	글로비쉬	잉글리쉬
사용 지역	영어권+지구촌 어디서나	영어권과 지구촌 일부 지역에서 제한적인 사용
사용 가능한 사람	누구나	영어권 사람들에게 절대적으로 유리
학습목표	효율적인 의사소통	원어민처럼 되는 것
달성 가능성	1500단어, 쉬운 문장, 몇 가지 의사소통 기술만 익히면 OK	성공하는 사람들은 극소수. 대부분 영어 스트레스에 시달리다 영어에 등을 돌리거나 담을 쌓는다
어휘수	only 1500단어	옥스포드 사전에 공식적으로 실린 어휘 수만 61만개
발음규칙	의사소통이 가능한 오차범위 안	네이티브 스피커처럼 유창하게? 그들도 발음이 천차만별
배우는 데 걸리는 시간	누구나 하루 한 시간씩 최대 6개월 정도만 투자하면 배울 수 있다!	영어권 지역에서 태어나 어려서부터 배우지 않으면 평생 걸려도 될까 말까

'글로비시'로 전문가 되기

학창시절 영어 공부를 열심히 하고도 막상 외국인을 만나면 '영어 울렁증' 때문에 잘 표현하지 못하는 사람들이 많다. 특히, 뒤늦게

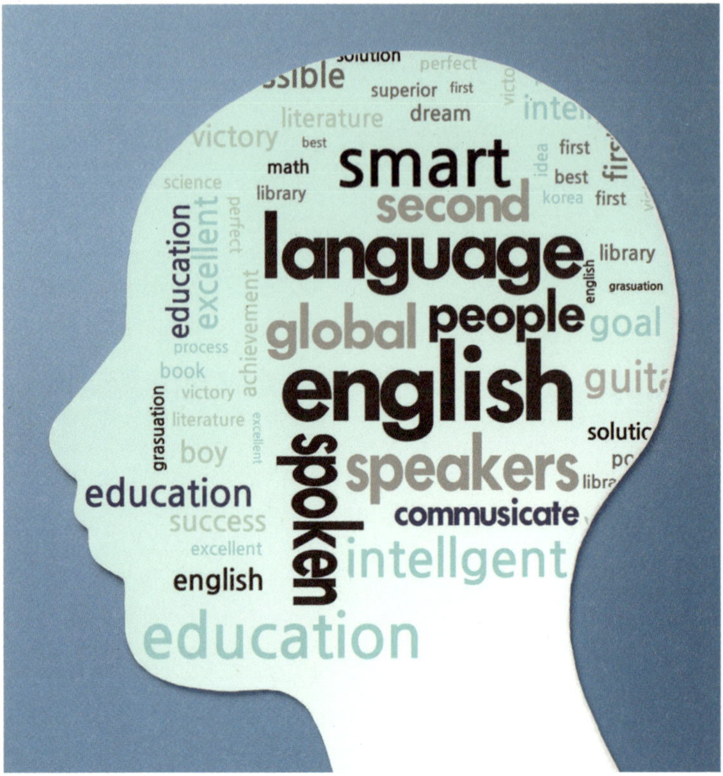

영어 공부를 시작한 사람들은 외국인 앞에 섰을 때 머릿속이 하얗게 되는 경험을 한다. 영어로 말하려면 뇌 속에서 한국어로 생각하고 이를 영어로 바꾼 후 입으로 나오는 과정(뇌 속의 한국어 → 뇌 속의 영어 → 입으로 나오는 영어)을 거치다 보니 말할 때 어색해한다.

'글로비시Globish'는 '글로벌Global과 잉글리시English'의 합성어로 '세계에서 사용되는 영어', 즉 비영어권 사람들도 사용하는 영어를 말한다. 영어 문법과 발음에만 집중하는 것이 아니라 의사소통을 하는데 집중해 '일상적인 생활이나 기업 활동에 필요한 실용형 영어'이다.

글로비시는 '자신 있는 나만의 영어'

우리는 의무교육부터 12년간 국제 행사에 참여할 만큼 기본적인 영어 실력을 갖추고 있지만 대부분 '완벽한 영어'를 해야 한다는 부담감과 강박증에 어려움을 겪고 있다.

유럽인이 영어를 잘하는 이유는 두 가지로 정리할 수 있다.

첫째, 사용 빈도가 높아 영어에 자연스럽게 노출될 수 있다. 언어는 노출 시간에 비례해 발달할 수밖에 없다. 언어를 매일 사용할 수 있는 환경이 조성되면 언어는 저절로 늘 수밖에 없다.

둘째, 영어에 대한 인식이다. 스웨덴 국가에서 제작한 관광 홍보물에는 '세계에서 영어를 제일 잘하는 나라'라고 써 있지만, 스웨덴 사람들이 완벽하게 영어를 잘하는 것은 아니다. 한국식 영어를 '콩글리시'라고 하듯이 스웨덴인의 영어는 '스웽글리시Swedish + english', '뎅글리시Danish + english'라고 한다. 스웨덴인의 영어 문법이 틀리거나 원어민과 발음이 다른 경우가 많다. 스웨덴인들은 정확한 문법과 발음에 신경 쓰기보다 소통이 가능한 수준의 영어로 하고 싶은 말을 모두 표현하려고 한다. 때문에 틀리더라도 당당하게 말한다.

영어나 외국어로 의사소통을 하는 데 발음이 유창하고 문법이 완벽할 필요는 없다. 내가 말하고 싶은 내용을 잘 전달하는 것이 중요하다. '내용만 잘 전달하면 된다'라고 생각하고 내 의견을 제대로 전달을 하는 연습을 하자. '영어 별거 아니네~'라는 생각이 드는 순간 성공이다.

글로비쉬 자신감 높이는 법

영어를 잘 못해 고민이라면 '옹알이'로 시작해보라. 아기가 "엄마, 안 밥 먹었어" 같이 단어를 조합해 말해도 문법적으로는 오류가 있더라도 뜻이 다 통하듯 단어를 나열해 말하기를 배우는 방식이다. 처음부터 완벽한 문법으로 말하기는 힘들다. 그러나 갓 돌 지난 아기가 언어를 배우듯이 외국어를 연습하면 누구나 6개월이면 충분히 의사소통이 가능하게 된다. 영어 필수 단어를 나열해 자신 있게 말하는 습관을 들이면서 영어로 원하는 문장을 말하면 된다. 내 전공이나 전문 분야 어휘를 잘 구사하는 것도 노하우다.

단어만 잘 나열해서 말해도 자신 있게 말할 수 있고, 영어 실력이 늘게 되어 있다. 발음 교정이 어렵거나 영어를 사용할 시간이 없는 이들에게 제대로 된 방향을 알려준 후 두 달 후 어떻게 달라지는지 비교해보면 확연한 차이를 보인다. 일단 입을 떼고 영어로 말을 할 수 있다는 자신감이 생기면 습득 속도가 빠르다.

'콩글리시'도 글로비시다

'세계에서 영어를 제일 잘하는 국민'이라고 자부하는 스웨덴인들도 완벽한 문법의 영어를 구사하는 것이 아니라 '스웽글리시'를 말한다고 했다. '스웽글리시'와 한국인의 '콩글리시'에 차이가 있다면 문법의 완벽성이나 발음의 차이가 아니라 '자신감'의 차이다.

나는 '콩글리시'가 '한국식으로 잘못 사용하는 영어'라고 부정적으로만 평가하지 않는다. '콩글리시'라도 일단 문장을 더듬더듬 말하다 보면 영어로는 절대 표현할 수 없는 한국인만의 정서를 표현할 수 있다. 자신 있게 말하고 표현하는 것이 중요하다.

독학으로 글로비시 마스터하기!

주변에 언어 습득이 빠른 사람들의 공통점을 잘 생각해보라. 성격이 활발하고 말을 많이 하는 사람들이 언어를 빨리 배운다. 사람 앞에서 말하는 '무대'를 즐기는 사람도 영어를 빨리 배운다. 우리는 영어를 못하는 게 아니라 영어로 말하는 게 어색할 뿐이다. 사실 한국어로 말을 잘하는 것도 쉬운 일은 아니다. 혹시 틀리게 말할까봐 자신이 없다면 비슷한 실력을 가진 사람과 영어로 말하는 연습을 많이 해보는 것이 중요하다.

영어 학원 등 어학원에 다니지 않고, 비싼 돈을 투자하지 않고도 영어를 배우고 말할 수 있는 팁 몇 가지를 소개하겠다. 지금 당장 활용할 수 있다.

외국어 공부에 재미를 붙이다 보니, 보다 실질적인 방법이 없을까 고민하던 중, 스스로 G31이라는 Global Language 31 Social Community를 창단하여 많은 사람들과 커넥팅을 이끌어 냈다. 모두가 영어 공부를 위해 외국행 비행기에 오를 때, 나는 스스로 나의 환경을 영어화, 세계화시켜 나갔다. 모든 것은 나에게 답이 있다.

언어학자들에 의하면 일상생활에서 외국어에 노출되지 않고 학교에서만 언어를 배워 의사소통이 가능한 수준에 이르는 데 1만

1,680시간이 걸린다고 한다. 하루 몇 시간 잠깐 공부하는 것만으로는 의사소통할 수 있기까지 15년 이상 걸린다. 우리가 한국어를 잘하는 이유도 많이 노출돼 왔기 때문이다.

유창한 영어 실력을 갖추기 위해 유학이나 어학연수를 가지 않더라도 언어에 노출될 수 있는 환경을 만드는 것은 충분히 가능하다. 나 역시도 비록 시골에서 자랐지만 한 번도 문화적 비수혜지역이라서 훌륭한 외국어 선생님이 없어서 외국어 실력이 향상되지 못한다는 생각을 한 적이 없다. 2000년대부터 우리는 인터넷을 활발하게 사용해 왔기 때문에 초등학생일 그 당시에는 홈페이지, 지금은 자주 사용하는 애플리케이션이나 팟캐스트 등을 영어로 사용하기 같이 작은 것부터 바꾸면 된다.

습관을 들이자! 사소한 습관이 분명 환경을 바꾸고, 영어 실력을 향상시키는데 도움이 된다. 영어 학원에 다닐 시간이 없다면 주변에 있는 플랫폼들을 활용해보자. 그리고 매일 조금씩 연습하는 습관을 들여 보자. 아무리 좋은 기능을 가진 플랫폼이라도 사용하지 않으면 소용이 없다. 내 눈과 귀와 생활환경을 노출 시켜라. 환경을 변화시키는 것이 아니라 내 의지와 마음가짐만 바꾸면 세상과 환경이 바뀐다.

직장인들도 자기계발의 기회로 플랫폼을 활용하는 경우가 많다. 자기계발에 관심이 많은 사람이 자발적으로 모이는 자리이다 보니 그 안에서 만나는 인맥도 무시할 수 없다.

제2외국어, 제3외국어도 현명하게 공부하기

나만의 외국어 공부법 노하우를 공유하자면, 나는 모국어가 아닌 외국어로 2가지 조합이 되어 있는 교재나 인터넷상의 영상 콘텐츠를 활용한다. 실제로 내가 대학생 때 일본에서 중국어 공부나 영어공부를 할 때는 꼭 일본어로 된 잡지나 책자, 신문기사 등을 활용했다. 그렇게 언어를 습득하다 보면 처음에는 다소 혼란스러울 수도 있으나 습관이 되면 따로 기존에 배웠던 영어나 제2외국어, 제3외국어도 까먹을 틈도 없이 알아서 복습하는 환경이 갖춰지게 된다.

또 많은 외국어를 구사하는 사람들은 특정 매체를 통해서 어떻게 외국어를 습득하냐에 따라서 다른 인격이 형성 되어 다중인격이라고도 말하는 학자들도 있는데 이런 것을 방지하려면 글로비쉬나 영어가 어느 정도 완성 된 뒤에는 이렇게 다양한 매체를 통해서 스스로 믹스해가며 감을 잃지 않아야 다중인격화 되는 현상도 막을 수 있다.

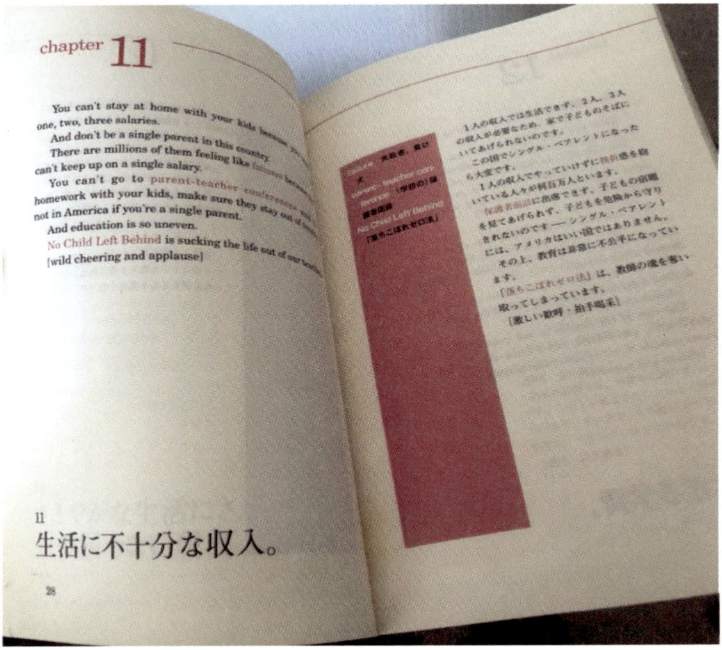

미셸 오바마 연설집 일본어 번역본으로 영어를 공부

21

화술이 아니라 소통의 기술

나는 '화술'이나 '효과적인 의사전달법', '멋지게 프레젠테이션하는 방법'을 가르치는 전문 강사가 아니라 현장에 직접 들어가 그 기업의 목표를 '반드시 달성'하게 만드는 컨설턴트이다. 내가 다양한 기업을 보면서 깨달은 것은 비즈니스 현장에서 목표를 달성하는 데 필요한 것은 '화술'이 아니라 '이야기를 진행시키는 힘'이라는 사실이다.

이야기를 순조롭게 진행시키기 위해서는 소통의 기술을 몸에 익혀야 한다. 어떤 조직이든 자신들의 목표를 달성하려면 상호 커뮤니케이션의 질이 중요하다. 일이 제대로 진행되지 않고 '대화가 복잡해지거나 말이 안 통하는 현상'이 빈번하게 발생하면 쉽게 달성할 만한 목표조차 달성할 수 없기 때문이다. 더욱이 요즘은 목표

달성뿐만 아니라 업무 효율도 중요한 시대이다. 그런데 기업 내에서 '이야기가 진행되지 않는 상태'가 계속되면 시간만 허비하게 되고 업무 효율은 떨어진다. '대화가 통하는 것'은 '톱니바퀴가 맞물려서 돌아가는 것'에 비유할 수 있다.

목표를 달성하는 데 필요한 것은 '화술'이 아니라 '이야기를 진행시키는 힘'이라는 사실. 톱니바퀴가 제대로 맞물리지 않으면 동력이 전달되지 않고 '헛도는 상태'가 되는데, 이런 상태가 계속되면 에너지가 낭비된다. 대화가 헛돌면 '커뮤니케이션 효율'이 극히 나쁜 상태가 될 수밖에 없다. 외부 환경이 숨 가쁠 정도로 빠르게 변하는 이 시대에는 '화술'보다 '소통의 기술'이 더 절실하다.

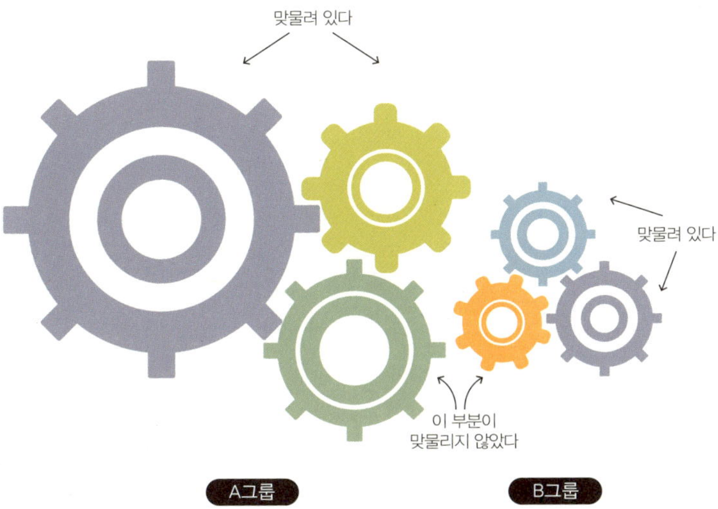

예를 들어 한 회사에서 전무, 상무, 부장, 과장 세 명, 담당자 네 명, 어시스턴트 세 명이 어떤 주제에 대해서 몇 번씩이나 회의를 거듭하고 있다고 해보자.

그런데 전무와 부장의 의견이 맞지 않는다. 과장 세 명은 각자 담당자와 회의를 하고 어시스턴트에게 자료도 만들게 하면서 머리를 싸매고 회의를 거듭하고 있다.

각자가 모두 진지하게 협의를 하고 메일을 주고받으며 자료도 만든다. 각각의 톱니바퀴는 열심히 돌고 있다. 그런데 톱니바퀴가 너무 많아서 맞물린 톱니바퀴도 있고 맞물리지 않은 톱니바퀴도 있는데 누구도 그 사실을 모른다고 해보자. 이렇게 되면 조직 전체적으로 봤을 때는 '헛도는 상태'가 지속될 수밖에 없다.

사장이 "그 건은 어떻게 됐지?"라면서 경영 간부와 담당자에게 물어도 일에 진척이 없기 때문에 마땅히 할 말이 없다. 각각의 톱니바퀴는 맞물려 있어도 어딘가에 맞물리지 않은 부분이 있기 때문에 3개월이 지나도 4개월이 지나도 '헛도는 상태'만 계속 된다.

나같은 외부 컨설턴트는 상황을 객관적으로 바라보기 때문에 문제가 어디에 있는지 금방 파악할 수 있다. 그래서 내가 "이번 건은 상무님과 과장님이 상의해서 결정하시면 될 것 같은데요?"라고 지나가는 말처럼 한번 언급만 해주어도 단숨에 동력이 전달되고 일이 진행될 때도 있다.

경영자 입장에서는 "어째서 처음부터 그렇게 안 한 거야!"라고 호통을 치고 싶을지도 모르지만, 일을 진행하는 사람들 입장에서는 처음부터 그렇게 하기가 쉽지 않다. 설령 현장 담당자가 '이런 건 상사와 상의해서 쉽게 결정할 수 있는 일이잖아?'라고 생각하더라도 옆에서 조언하려면 상당한 용기가 필요하기 때문이다.

'긴밀한 커뮤니케이션'에 존재하는 두 가지 '비밀'

직장 내에서 일어나는 다양한 문제를 해결하려면 커뮤니케이션을 활성화시켜야 한다. 이 사실을 너무도 잘 아는 현대의 많은 기업들은 커뮤니케이션을 활성화시키기 위한 노력을 아끼지 않는다.

예를 들어 어떤 회사에서 영업부와 생산관리부가 협력이 잘 안 되는 바람에 고객이 희망하는 납기일을 지키지 못하는 사태가 빈번하게 발생한다고 해보자. 이럴 때 경영진은 회의에서 다음과 같이 말할 것이다.

"영업부와 생산관리부는 커뮤니케이션을 더 '긴밀'하게 하세요. 알겠습니까?" 이런 말을 들으면 각 부서의 책임자는 당연히 "알겠습니다. 커뮤니케이션을 더 '긴밀'하게 하겠습니다"라고 대답할 것이다.

하지만 대답은 그렇게 하더라도 커뮤니케이션을 '긴밀'하게 한다는 말의 정확한 의미를 모르면 아무런 소득을 거두지 못할 수도 있다. 애초에 많은 조직에서 구호처럼 외치는 커뮤니케이션을 '긴밀'하게 한다는 말은 무슨 뜻일까? 긴밀하게 커뮤니케이션을 한다는 말에는 다음 두 가지 의미가 있다는 사실을 기억해야 한다.

- 서로의 관계를 친밀하게 만든다.
- 어긋난 톱니바퀴를 맞물리게 한다.

이 두 가지 의미를 제대로 이해하고 있느냐 아니냐에 따라서 조직 내에서 발생하는 문제를 해결하기 위한 커뮤니케이션 방향이 크게 달라진다.

최유진의 Tip

커넥팅 된 사람들의 관계를 친밀하게 만들고, 어긋난 톱니바퀴를 맞물리게 하는 것에 귀를 기울이자. 그것이 인간블록체인에서 중요한 소통의 역할이다!

네트워킹 커뮤니티나 동호회 등을 운영하다보면 사람들이 많이 있기 때문에 인간관계에 관련된 문제는 필연적으로 발생한다. 실제로 내가 부동산, 재테크, 어학, 커리어우먼 등을 키워드로 만들었던 커뮤니티에서도 실제로 늘 고독하고 외로운 길은 계속되었다. 모임을 운영하면서 느낀 점은 이렇게 수십명, 수백명을 관리하는 것도 쉬운 일이 아니고 열심히 하려고 해도 늘 달가운 소리만 듣는 것도 아닌데하는 것이었다. 한 나라를 통치하는 대통령과 정치인들의 마음이 이해가 갔다. 하지만 억울하기도 하고 속상하기도 한 여러 가지 일들을 다 견뎌내니 끝까지 지켜봐주는 한 사람 한 사람에게 신뢰를 샀고 그 지속성이 내가 인간관계와 우수한 커넥팅 스킬을 가질 수 있게 해줬다.

모임장이기 전에 개별의 사람들로부터 친근감을 얻을 수 있는지 아닌지가 중요한 것도 1회성 정보원으로 서로 함께하게 될 것이 아닌 이상 꾸준히 개인들의 바람과 생각의 흐름을 따라가야 하기 때문이다. 좋은 친구이자, 좋은 지인이자, 좋은 리더로서 남기 위한 시간들이 필요하다. 그리고 일정 수준 이상으로 그런 관계를 유지할 필요도 있다. 타인의 갈망을 존중하지 않는 관계는 결코 오래 지속될 수 없다. 그건 일대일 관계뿐만 아니라, 일대 다수의 관계에서도 마찬가지다.

내가 스스로 가지고 있는 경험적 철칙이 있다면, 여러 사람을 함부로 커넥팅해서는 안 된다. 각자가 가져갈 수 있는 결과치나 만족할 수 있는 무언가가 있는 게 아니라면 사람을 모으고 커넥팅 하는 것 자체가 아무런 의미가 없다. 그들이 커넥팅 돼서 정말 만족하고 돌아갈 것인가. 개별적으로 다시 찾아올 수 있을만한 만족을 전해줄 수 있을 것인가를 고민하지 않는다면 금액과 시간이라는 귀중한 자산을 지불하면서까지 그 곳에 속하거나 물리적인 장소에 참여해야 할 필요가 무엇인지를 알 수 없게 된다.

여러 사람을 연결할 때는 개별 인원이 가지고 있는 캐릭터성을 명확하게 해야 한다. 그것이 우리 '인간블록체인'이 해야 하는 필수 커뮤니케이션 스킬이다. 그들이 하고자 하는 일이 무엇이고 또 어떤 사람들을 지향하고 있는지 그들이 더 신나게 뛰놀 수 있는 환경을 만들려면 어떤 것들을 지원하고 생각해야 하는지에 대해서 사람을 영입하고 커넥팅 하는 우리가 고민하지 않는다면 사람 개개인에 대한 존중이나 만족도 기대하기 힘들다. 코어인원에 대한 케어나 만족추구 조차 채워내지 못하는 소규모 그룹이 어떻게 수십명 수백명의 사람들을 만족시킬 생각을 할 수 있을까? 커넥팅 되는 사람 수가 늘어날수록 개별 구성원에 대한 이해도가 낮아지는 것은 당연한 결과인데 그들이 바라는데 불투명한 상태에서 사람을 늘리면 그 결과는 안 봐도 비디오다.

22

같은 일을 하면서 남다른 차별화를 하라

같은 일을 해도 남과 다른 사고방식 가지기

흔히 해외 패키지 여행을 가게 되면 쇼핑 항목이 꼭 들어가있다. 막상 한국이라고 하면 굳이 살 필요도 없는 물건들을 관광객들이 우르르 사게 되면 왠지 나도 사야 할 것 같고 좋아 보이기까지 한다. 하지만 막상 물건을 한국에 가져와 보면 그렇게 메리트 없는 경우가 대부분이다. 이렇듯이 우리나라 사람들은 내 의지보다도 남들이 하니까 같이 움직이는 군중심리가 있다. 그렇기에 직장에서 같은 일을 할 때도 잘못된 부분이나 있거나 남과 다른 아이디어를 내려고 하면 두려움에 빠지게 된다.

'괜히 나 혼자 이런 의견을 냈다가 욕 먹지 않을까?'

'시킨 일이나 잘 하면 되지 이렇게까지 제안하는 건 오버하는 게 아닐까?'

하지만 이제는 같은 일을 해도 다른 방식으로 사고하는 사람이 다가오는 미래에 살아남을 수 있다. 실제로 요즘 많은 기업들이 주목하고 있는 것은 바로 디자인 사고라고 일컫은 'Design Thinking' 이다.

다양한 문제해결의 혁신 프로세스,'Design Thinking'

실제로 디자인 사고는 현재 모든 비즈니스의 핵심이 되고 있다. 디자인 사고란 문제해결을 할 때 디자이너들이 문제를 풀던 방식대로 사고한다는 말인데 실용적이고 기능적인 문제를 해결해 나가는 과정을 말한다.

인공지능이 못 하는 일을 해야 살아 남는다

조만간 다가올 미래에는 4차 산업혁명 시대, 일자리 혁명이 올 것이라고 예측하고 있다. 인공지능은 방대한 데이터를 분석해 인간보다 더 빠르게 결론을 도달할 것이며 인간이 실행하는 것에 비해 훨씬 빠른 속도로 일처리를 진행할 것이고 사람이 저지르는 실수는 하지 않을 것이다. 하지만 창의적인 아이디어를 만들고,

영감을 얻고, 감성을 터치하는 생각은 인간밖에 할 수 없다. 오차나 변수가 생겼을 때에 대한 대안은 인간이 훨씬 더 빠르게 대처할 수 있다는 것이다.

아무리 인공지능이 빠르고 사람보다 더 정확하다고 해도 창의적인 아이디어를 내야 하는 분야에서는 사람이 한수 더 우위에 있다.

그렇다면 어떻게 해야 창의적이고 남다른 사고방식을 하는 인재가 될 수 있을까? 남다른 사고방식은 조금 다른 시선에서 시작된다.

아예 발상을 바꿔버리는 것, 부정적일 수도 있어도 모두가 yes라고 할 때 나는 no라고 말하는 용기, 나의 말도 안 되는 생각이 나만의 4차 산업혁명에 살아남는 경쟁력이 된다.

23 연결자가 되기 위한 활력 유지하기

운동, 모임, 파티, 여러 가지 대외활동 참여하기

나는 모임의 참여자이기도 하지만 주최자이기도 하다. 내가 관심 있었던 부동산관련 투자모임, 재테크 모임, 여성전문직들의 친목모임, 인플루언서들의 커머스 모임의 주최자일 뿐만 아니라 다양한 대외활동을 참여하고 있다.

이런 왕성한 활동력을 가지게 된 것은 관심이 있기도 하지만 온라인으로 정보를 주거나 얻을 수 있는 인맥들이 아주 많기 때문이다.

나는 현재는 페이스북과 인스타그램 두가지를 병행하여 진행하고 있으며 두 매체에 올리는 글들을 보면 비슷한 듯 다른 구성으로

다양한 업계의 커리어우먼들 60명과 함께 연말파티로 교류

관리를 하고 있다. 내가 초연결자 역할을 하기 위해서는 남들에게 내 왕성한 활동력과 함께 각종 정보에 대한 리뷰, 후기 등을 연결시켜주어야 한다.

기본적으로 인간 블록체인 역할을 하기 위해서는 데이터 공유화가 필수이다. 이미 자신이 가지고 있는 매체나 플랫폼에 건강한 데이터

생태계가 조성되어있다면 활동하는 분야에 대한 활발한 데이터 공유를 하는 것이 영향력이 있는 사람이 되기 위한 필수 조건이다.

한 가지 분야가 아닌 다양한 부분에서 왕성한 활동을 멈추지 말고 트렌드에 따른 각종 대외활동에 있어서 활력을 유지해라.

'정보가 흐르지 않고 멈춰버리면 안된다.'

여러분의 연결자들과 충분한 공감대가 형성되어 있다고 하더라도 소통이 이뤄지지 않고 충분한 정보가 흐르지 않으면 얽혀있던 연결망은 서서히 풀어질 수밖에 없다.

한강에서 하늘을 보면서 다 같이 운동하면서 많은 사람들과 커넥팅 된다.

24

커넥팅을 '하나 되게' 만드는 능력

1990년 초반에 IT 혁명이 일어났다. 이와 더불어 소프트웨어 거물들 사이에 지배권 다툼이 벌어졌는데 이는 매우 의외의 형태로 이루어졌다. 핀란드의 엔지니어 리누스 토발즈가 리눅스 운영체제의 핵심요소를 개발한 후 인터넷에 그 프로젝트의 완성을 도와달라는 글을 올린 것이었다. 리눅스는 특허받은 소프트웨어인 윈도우와 달리 1980년대 초반에 이 분야의 선구자인 리처드 스톨만이 만든 프리 소프트웨어 공개 정신을 바탕으로 한 오픈소스이다. 이에 따르면 리눅스를 이용해 누구나 돈을 벌 수 있고 판매를 할 수도 있지만, 누구나 소스 코드를 무료로 사용할 수 있도록 공개해야 한다. 오늘날 리눅스는 델, 레드햇, 선 마이크로시스템스, 노키아 같은 협력업체와 배급업체를 기반으로 몇십억 달러의 매출을 올리는 기업으로 성장했다.

위의 리누스 토발즈가 리눅스의 운영체제를 완성시키는데 커넥팅 기술을 요구했고 그로 인해서 모두가 하나 되어 새로운 것을 개척하고 성공시킨 대표적인 사례이다.

인간블록체인에서 가장 중요한 역량 중 하나는 '리더십'이다. 어떤 분야이든 리더는 모든 사람들이 효과적으로 함께 일할 수 있도록 해주는 실용적이고 검증된 방식을 찾는 사람이다. 인간블록체인이 가진 가장 큰 장점은 커넥팅 기술이지만, 결국에 이 커넥팅 기술이 빛을 발하려면 커넥팅 된 모든 사람, 정보 등이 '하나 되어' 일할 수 있도록 만드는 효과적인 방법이 있어야 한다.

우리는 매일 수많은 사람들과 협력하며 살아간다. 다양한 조직과 부문에서 서로 다른 국가의 서로 다른 배경을 가진 사람들이 무언가를 나누고 힘을 합친다. 이렇게 함께 문제를 해결하고 혁신하고 협력하는 사람들 덕분에 세상은 계속 진보한다. 역사적으로 봐도 협력이 인류의 생존과 진보를 좌우했다고 하는 점을 알 수 있다.

협력은 우연히 이루어지기도 하고 의도적으로 하기도 한다. 그런데 규모가 큰 대기업이나 조직의 경우 의도적인 협력에 대한 지식은 여전히 일반적인 수준에 머물러 있는 경우가 많다. 우리 인간들의 행동에 대한 연구가 상당히 진척되어 있음에도 불구하고 협력에 대한 연구는 '하나 되어' 일하는 것이 아닌 단순히 힘을 합치는 수준에

초점을 맞추고 있는 것처럼 보인다.

'하나 되어'라는 말은 참 간단한 말이다. 그러나 이 짧은 말 속에 통찰력 있는 개념과 영감이 넘쳐 흐른다. 이 말은 개인으로 이루어진 집단과 단결된 팀이라는 차이를 만들어 낸다. 개인의 행동이 집단의 힘으로 바뀌는 것을 상징하기도 한다. 개인이 힘을 합치면 놀라운 일을 해낼 수 있다.

커넥팅 되어 하나가 되면 창조할 수 있고, 개척도 가능하고 일처리도 스마트하게 할 수 있고, 변화할 수 있고, 혁신할 수 있고 운영, 관리 등 많은 것이 효율적으로 변하게 된다. 이것이 올바른 인간블록체인이 되었을 때 낼 수 있는 여러 가지 시너지다.

'나는 가능성이 막 실현되려는 순간이 좋다'

4장

4차 산업혁명에 대비하는 초연결자로서의 자세

25

권위, 그 무엇보다도 큰 힘

우리는 예로부터 권위자의 말을 들어야만 실용적인 혜택을 볼 수 있다고 알고 있다. 실제로 우리 옆에 가장 가까운 권위자는 바로 부모님, 또는 선생님 등일 것이다. 우리보다 훨씬 경험이 많고 지혜로운 그들의 말을 듣는 것이 이롭다는 것을 각종 조언을 통해서도 우린 종종 깨닫고 한다.

더 나아가 사회로 나오게 되면 권위자란 나를 고용하는 사장, 변호사, 정부지도자 등 각종 상위계층에 있는 높은 지위 직업으로 바뀌게 된다. 그들의 지위는 곧 고급 정보와 권력에 대한 접근성이 높다는 것을 말하기 때문이다. 그렇기에 다가올 초연결사회를 위해서는 온라인 또는 오프라인 상에서 권위를 가져야 한다.

권력 있는 직업을 가지라는 의미가 아니다. 권위주의를 버리고 권위를 가지라는 말이다. 이것이 곧 올바른 리더십이다.

'권위적'과 '권위 있는'은 전혀 다른 의미다. 전자는 권위를 내세운다는 뜻이고, 후자는 사람들이 인정하는 영향력이 있다는 뜻이다. 사람들은 권위적인 리더를 꺼리지만 권위 있는 리더는 따르는 경향이 있다. 원하는 이에게 내가 주는 정보 및 연결시켜주는 인맥의 확실함을 느끼게 해주고 나를 '권위 있는 리더' 라고 믿게 하라.

요즘 많은 사람들이 미친 듯이 몰아치는 정보의 홍수 속에서 원하는 정보를 찾기 위해 고생하고 시간과 정신적인 에너지를 낭비하곤 한다.

이럴 때 그들이 믿는 사람에게 도움을 청하고 권위자의 생각과 같은 결론을 내리게 되면 쉽게 편의를 느낄 수 있게 된다.

사람들의 특정 분야에서의 신뢰와 권위를 나와 연관 지어서 생각할 수 있게 만든다면 지속적인 영향력을 가지고 장기적으로 살아남을 수 있는 기반이 된다.

더 의미 있는 알짜배기 컨텐츠와 지지자들의 큰 인맥망과 같은 네트워크와 유의미한 실제가 뒷받침된다면 인간블록체인을 완성시키는 기반을 갖출 수가 있다.

트위터, 페이스북, 링크드인, 인스타그램 같은 소셜 미디어 플랫폼들이 전통적인 '권위'의 개념을 뒤집고 있다.

누가 누구인지 아무도 모르는 인터넷 환경에서는 기존의 권력 모델이 완전히 뒤집힌다. 많은 글로벌 대기업들이 사람들의 사회적 권위 점수를 바탕으로 성공적인 마케팅 캠페인을 벌이고 있음을 감안할 때 사회활동을 하고 있는 사람이라면 누구나 이것을 진지하게 받아들이고 거기에서 배울 점을 찾아야 할 것이다. 한마디로 이런 기업들은 현재 개인의 권위에 접근할 수 있는 완전히 새로운 마케팅 경로를 이용하고 있기 때문이다. 이런 브랜드들이 성공을 거둘수록 그들은 새로운 권위 상류층에 더 많은 혜택을 뿌릴 것이고, 그러면 뒤에 남겨진 영향력 하류층 사람들의 분노의 불길은 더욱 거세질 것이다.

현재 우리는 언제, 어떻게 인스타그램, 페이스북, 트위터 등에 글을 올리고 누구와 연락하고, 누구와 공유하고 누구와 연결되고 어떤 댓글을 남기느냐에 따라서 계층이 결정되는 새로운 소셜 미디어

계층 제도의 시대를 맞이했다. 영향력을 가진 자들은 더 나은 직업을 꿰차고, 더 높은 계층으로 올라가는 등 개인의 권력을 되돌릴 수 있을 정도로 달라졌다.

'인간블록체인'의 가장 좋은 점은, 사회적 영향력이라는 새로운 세상에서는 본인이 무명이거나, 낯을 가리거나, 무시당하는 사람들조차 자기만의 틈새에서 스타가 될 수 있다는 점이다. 우리는 네티즌 영향력자의 시대에 살고 있고, 지금 이 세상에서는 아무나 받아주지 않는 멤버십에 들어가 셀럽과 같은 대접을 받을 기회도 갖는다.

이 책을 읽는 당신도 '인간블록체인'으로 영향력의 상류층으로 들어갈 수 있다. 자신의 영향력으로 수익의 힘을 발견할 수 있고, 이미 많은 기업들과 개인들이 벌써 발견했다.

그럼 핵심을 공략해서 어떻게 해야 영향력을 높일 수 있는지 확인해보자. 앞서 내가 강조했던 것들의 조합이 된다.

네트워킹 스킬

\+

차별화 된 콘텐츠

\+

콘텐츠를 공유하고 커넥팅해 줄

'인간블록체인'과 전략적으로 소통

가장 중요한 점은 마지막에 조합된 것인데, 본인의 인터넷 인맥이 얼마나 넓든, 콘텐츠가 얼마나 좋든, 당신의 콘텐츠를 웹상에서 널리 퍼뜨려줄 사람과 연결되지 못한다면 아무 소용이 없다.

26

일관성 있게 의견을 고수하라

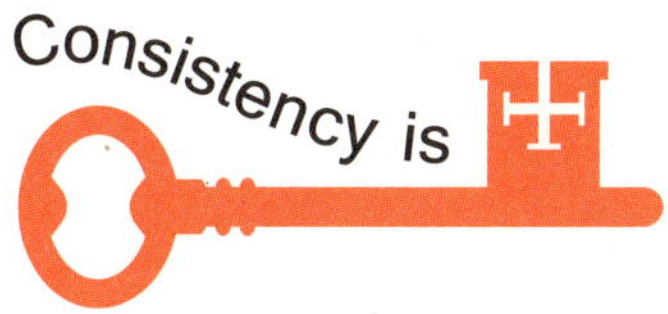

우리는 과거에 '우물을 파도 한 우물만 파라'는 소리를 많이 듣고 자랐다. 관심을 여러 곳에 두다보면 하나도 제대로 하지 못하고 중도에 그만둘 수 있기 때문이다. 이러한 이야기는 성실과 연관되면서 꼭 지키고 마음에 새겨야 할 덕목으로 여겨졌다. 사회가 산업화 단계를 지나 정보화 단계로 나아가면서 기존의 덕목을 그대로 따를 수 있는가 하는 우려의 목소리가 나오고 있다. 특히 요즘 많은 뉴스가 AI가 만들어낼 미래를 예상하며, 일자리에 대한 불안이 늘어나고 있다. 이러다보니 과연 한 우물만 파도 될까라는 의구심이 커지고 있다. 사회의 변화에 따라 적응력을 높이려면 여러 우물을 파야 한다거나, 100세 시대를 살려면 인생 2모작이 필요하므로 자기계발을 해야 한다는 목소리도 커지고 있다.

이러한 주제는 인문학에서도 늘 논의되고 있다. 사람이 조건의 변화에도 아랑곳하지 않고 외길로 걸어가야 후회 없는 인생이 된다고도 하고, 환경의 변화에 따라 그때그때 최선의 길을 찾아야 실패 없는 인생을 살 수 있다고도 한다. 전자는 삶의 일관성을, 후자는 상황 논리를 중시한다. 일관성과 상황 논리는 인생에서 각자의 장단점을 드러낸다. 일관성을 강조하면 사람이 자신이 지키고자 하는 가치와 의미를 최우선으로 간주하게 된다. 때문에 그 사람을 연상하면 금방 그 사람이 강조하는 가치를 떠올리게 된다. 한 사람이 차별을 반대하고 인간의 기본 권리가 존중돼야 한다는 점을 내세우면 그 사람은 늘 인권과 함께 연상하게 된다. 그 결과 우리는 그 사람이 인권과 관련되는 상황에서 인권의 옹호와 확대를 주장하리라 예상할 수 있다. 이게 일관성을 강조하는 사람의 장점이라고 할 수 있다. 반면 현실의 다양한 요소와 상황을 고려하지 않고 무조건 일관성을 고수하게 되면 다른 입장을 가진 상대와 공존하기를 거부하고 타협의 가능성을 부정하게 된다. 그 결과 자신이 믿는 가치의 순수성과 절대성을 지킬 수 있지만 이로 인해 다양한 의견을 가진 공동체가 갈등을 조정하지도, 해결하지도 못하게 된다. 이게 단점이라고 할 수 있다.

반대로 상황 논리를 강조하면 상황이 지닌 특수한 사정을 섬세하게 고려할 수 있다. 국가의 기밀 사항을 지키기 위해 거짓말을 할 수 있다. 거짓말이 무조건 나쁘다고 단죄를 해버리면 사람은 이러지도 못하고 저러지도 못하는 심각한 내적 갈등을 겪게 된다. 나쁘다고 하더라도 상황의 특수성과 정도의 차이를 감안한다면 어떤 행위의 결과를 획일적으로 재단하는 우려를 피할 수 있다. 이게 상황 논리를 펼치는 사람의 장점이다. 반면 상황마다 특수성을 내세우게 되면 우리는 다른 사람에 대해 어떤 규범적 태도를 취할 수가 없다. 상황마다 그럴 만한 충분한 이유가 있다고 하면 무엇을 하더라도 책임을 물을 수 없기 때문이다. 이게 단점이라고 할 수 있다.

누구나 각자의 상황에서 삶의 일관성과 상황 논리를 펼칠 수 있다. 각자의 논리가 정당화 되려면 주장이 다른 사람과 대화를 거부하지 않고 각자 합당한 근거와 이유를 제시하려는 열린 마음을 가져야 한다. 그렇게 되면 서로 입장이 다를지언정 진영의 논리에만 갇히지 않고 공동으로 최선의 해법을 찾아갈 수 있다. 하지만 현실에는 삶의 일관성과 상황 논리가 공존해 발전을 모색하는 경우도 있지만 두 입장이 극단으로 맞서서 퇴행을 거듭하는 경우도 있다. 상황 논리를 펼치는 사람은 비슷한 상황에서도 이전의 주장과 반대되는 주장을 주저하지 않는다. 인터넷의 검색이 무한으로 발전하는 요즘 이전의 발언을 찾아서 지금의 발언과 모순되지 않느냐고 물음을 제기하면 그런 말을 한 기억이 없다거나, 그때와 지금의 상황이 다르다는 이유를 제시한다. 이것은 상황 논리가 아니라 상황 변명에 지나지 않는다. 일관성을 펼치는 사람은 시대 변화를 인정하지 않고

앵무새처럼 과거의 주장을 되풀이한다. 시대가 달라지지 않았느냐고 말하면 바뀐 시대가 잘못이라고 항변한다. 이것은 일관성이 아니라 시대착오적 사고라고 할 수 있다. 상황 변명이나 시대착오적 사고는 상황 논리나 일관성과 비슷해 보이지만 완전히 다른 사이비일 뿐이다.

항상 어떤 의견을 낼 때마다 생각과 말, 행동이 일치하지 않은 사람은 신뢰하기 힘든 사람이 되기 마련이다. 그런 반면에 일관된 사람들은 논리적이고 이성적이면서도 믿을 수 있는 사람으로 간주된다.

일관성 있게 자신만의 독특함을 밀어붙이거나 자기의 분위기나 장점, 느낌 등을 그대로 고수해나가라. 또 일관성이라는 것은 같은 의견을 밀어붙이는 것이 아니라 나의 의견, 생각을 진화하는 과정을 보여준다.

특히나 온라인상에서 일관성을 보이는 사람들이 더욱 더 영향력이 커지는 이유는 같은 길을 유지한다는 것 외에도 다른 이들과 의견을 공유하거나 대화를 거친 뒤 '생각을 진화시킨다는 것'이다.

단순하게 한 가지 생각만을 고수하는 게 아니라 남과의 공감을 통하여 진화된 의견을 공유한다는 것은 앞으로 초연결자가 되기 위한 핵심 자세가 될 것이다.

하지만 소셜 웹이나 온라인상에서는 진정성 있고 솔직하게 내 이야기를 하되 항상 조심해라. 내 입으로 말하는 것과 그러지 않은 것 모두 다 내 개인적인 브랜드를 반영하게 된다.

"이야기하는 주제가 재밌고 가벼워도

나에 대한 콘텐츠임을 명심해야 한다."

27 나 혼자 튀려고 하지 말고 남을 띄워줘라

작년에 뉴스를 보다가 이런 기사를 본 적이 있다. 한국과 중국, 일본 정부가 어디로 튈지 모르는 도널드 트럼프 미국 대통령을 어떻게 다루면 되는지 방법을 국제 사회에 전했다는 지적이 나왔는데 그 방법이란, 한 마디로 "한껏 띄워줘라"는 것이었다.

AP통신, CNN, 워싱턴포스트 등 미국 언론들은 한중일 정부가 트럼프 대통령을 맞이하면서 화려한 의전과 아첨에 가까운 극찬으로 마찰과 까다로운 문제들을 피했다고 지적했다.

워싱턴포스트는 '아시아 리더들이 레드카펫을 깔아줬고 트럼프는 그것을 좋아했다'는 제목의 기사에서 트럼프 대통령이 이번 한중일 순방에서 기존의 도발적 발언을 자제한 데에는 '아첨 전략'의 효과도 있었던 것으로 분석했다.

실제로 한중일의 전략은 트럼프의 자만심을 충족해줘서 문제가 야기되는 것을 피하려고 하는 전략이었지만, 이는 꼭 트럼프 대통령이 자만심이 있어서 효과가 특별히 더 있었다기 보다는 '인간은 누구나 인정받고 싶어 하는 욕구'가 있기 때문에 초연결사회에서는 정치, 외교를 잘 하는 사람이 더 유리하게 된다.

'초연결자'라고 나 혼자 잘난 듯 사람들을 하위로 두면 절대 안 된다. 내가 초연결자가 된 진정한 비결은 바로 사람과 사람을 서로 연결 시켜줄 때 상대방들을 서로 띄워주는데 있다. 그 대신 무조건 띄어 주는 것이 아니라 당연히 내 자신이 어느 정도 검증이 끝난 상태에서 띄어주는 것이다. 검증을 하지 않고 무작정 연결하면 내 신뢰나 평판에 문제가 생기기 때문에 이 부분에 대해서는 고도의 기술이 필요하다.

"주거니 받거니가 나를 더 빛나게 한다."

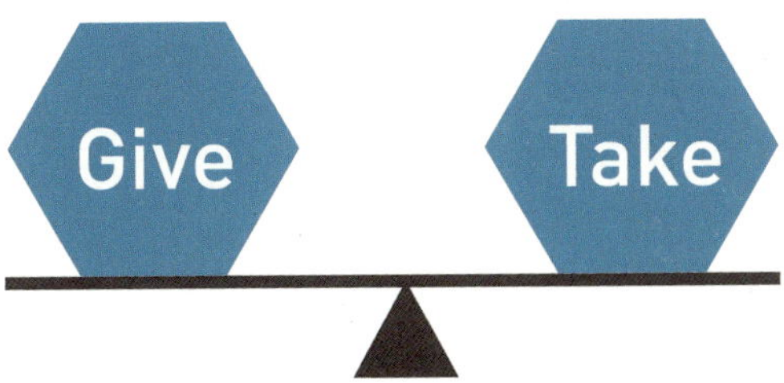

난 상황에 따라서 나를 돋보이게 하기도 하고 남을 띄어주기도 하는 센스를 가지고 있는데 이것이 '인간블록체인'에서 남들과 나를 차별시켜주는 포인트이다. 그래야 내가 더 빛난다는 것을 이미 알고 있기 때문이다.

가장 쉽게 주거니 받거니 할 수 있는 것이 바로 '칭찬'이다. 사람들은 칭찬받길 좋아한다. 하지만 막상 칭찬을 받으면 부끄러워 칭찬하는 상대의 얼굴도 쳐다보지 못하고 바닥만 본다. 심지어 칭찬하는 그 분위기를 벗어나려 화제를 돌리거나 딴소리를 하곤 한다. 본인들 마음과는 정 반대의 행동을 취하는 사람들의 심리를 알다가도 참 모르겠다.

칭찬을 헤프게 해도 된다. 칭찬을 많이 한다고 내가 손해 보는 장사도 아니지 않은가?

최유진의 Tip

① 칭찬의 의도가 투명해야 한다.

간혹 칭찬을 하라고 하면 아부를 하라는 말로 받아들이는 경우가 있다. 물론 칭찬에도 의도는 있다. 상대의 기분을 좋게 하고 분위기를 화기애애하게 만들기 위해 한다. 그렇지만 그로 인해 내가 얻게 될 이점을 기대하지는 않는다. 반면 아부는 무조건 상대를 치켜세우면서 환심을 사이득을 얻으려고 한다.

누군가를 칭찬하려 할 때 계산을 해서는 안 된다. '내가 이런 말을 하면 나를 잘 봐주겠지?' 하는 마음으로 칭찬을 하면 자연스럽지도 않고 상대의 마음에도 닿을 수 없다. 칭찬은 그저 '나는 당신에게 관심이 있습니다' 혹은 '당신과 소통하고 싶습니다'라는 신호를 보내는 정도면 충분하다.

② 사람들의 관심사에 대해 칭찬하자.

현재 상대방의 관심사나 주 업무에 대해, 그리고 구체적으로 칭찬하면 효과는 더 커진다. 그만큼 상대방에게 관심이 있어야 할 수 있는 칭찬이니 상대도 그 진심을 느끼고 마음을 연다. 그렇지 않겠는가. 외모에 관심이 없는 상대에게 외모에 대한 칭찬을 하면 마음은 고맙지만 말 자체는 금세 흘러가 버린다.

기왕 칭찬을 하겠다면 상대의 관심사가 무엇일지 한 번 더 생각해 보고 말을 꺼내라. 아마 인사치레로 하는 칭찬으로 받아들이지 않고 예상보다 더욱 기뻐할 것이다.

칭찬은 말로 줄 수 있는 가장 큰 선물이다. 선물을 받고 기뻐하지 않을 사람은 없다. 게다가 선물을 준비하는 데 돈과 시간이 들지도 않는다. 칭찬 말고 주는 사람도 받는 사람도 부담 없이 기분 좋아지는 선물이 또 있을까. 칭찬하는 말을 아끼지 말고 건네길 바란다.

28

호감도 증폭시키기

초연결사회에서 호감도는 아주 중요한 요소이다.

실제로 우리 주변에서도 누군가가 실력이 뛰어나서가 아니라 높은 위치에 있는 사람들의 비위를 잘 맞추면서 어울리는 능력이 있다는 것만으로 초고속 승진을 하는 경우를 많이 본다. 무조건 자기 업에서 실력이 있다고 대단한 것이 아니라 호감도가 경험과 전문성을 이기는 경우가 종종 있다.

보통 우리가 호감 이라고 하면 떠오르는 몇 가지가 있다.

— 매력적이고 아름다운 외모

— 나와 공감대가 높은 사람
— 자주 본 듯한 친근함
— 나를 칭찬해주는 사람

몇 개의 예시를 들었지만 호감도는 인간관계의 상호작용에서 강하면서도 보편적인 힘을 발휘한다. 온라인상에서도 마찬가지다. 아주 중요하고 실용적이고 매력 그 이상이다. 호감도는 직장 생활과 업무, 사생활 모든 면에서 큰 시련이 닥쳐오더라도 끈끈한 인간관계를 유지할 수 있다.

대부분의 사람들은 같은 가격이면 호감 있는 사람에게 일을 더 맡기기 마련이다. 또한 그 일이 다른 기회를 제공해주는 것이다. 수많은 평균적인 평범한 사람들 중에서도 누군가는 항상 잘나가고 있다.

잘나가면 갈수록 자신만의 브랜드는 확고해지고 일이 일을 부르기 마련이다. 그럼 호감 가는 사람이 되기 위하여 남에게 잘 보이고 남을 위해 나를 맞춰 살아야 할까?

"그렇지 않다."

우리는 자기 자신을 사랑하고 있는 모습 그대로를 받아들이면서 호감 가는 사람이 되어야 한다. 참 아이러니한 말이지만 호감 가는 사람이 되기 위해서 사람들에게 호감이 가는 모습을 너무 과하게 보여주면 안 되는 것이다. 자연스러우면서도 자신감 있게 나 자신을 드러내는 것을 호감으로 연결시켜야 한다.

나의 한 SNS 친구는 다양한 활동과 생각을 SNS를 통해 자유롭게 업로드 한다. 때로는 개인의 소소한 일상을, 때로는 가족과 따뜻한 모습을, 즐겁게 여가활동 하는 사진, 프로답게 일하는 글과 사진, 간혹 진지하고 진솔한 그 만의 이야기와 재미나고 익살스러운 사진들까지. 그 사람에 대한 호기심과 인간미, 호감도가 증폭되면 더 가까이 소통하고 싶고 생각을 공유하고 싶어진다.

또 다른 나의 SNS 친구는 내가 올린 글에 한결 같이 성심성의껏 댓글을 달아준다. 어떤 글을 올리든 무심코 이모티콘 하나 달고 아주 가벼운 단어를 붙여놓기로 달고 가는 사람이 있는가하면. 이분의 마음을 다해 써주는 댓글로 한 번도 뵙지 못한 그 분에 대한 깊은 애정과 호감이 생긴다.

그런 분은 지금이라도 빨리 오프라인에서 뵙고 밥을 한끼 사드리고 싶다는 생각이 절로 든다. 어쨌든 우리는 진실로 진심을 다한 곳은 가상공간이든 현실세계든 늘 원하고 바라는 것이 아닌가? 진정성 있는 우리의 모습은 SNS에서도 간과하지 말아야할 중요한 것이라는 것을 잊지 말자.

그 외에도 중요한 점들도 잊지 말아야 할 태도들도 많겠지만 위의 두가지 사항만 지키며 서로를 배려하는 소통을 한다고 하더라도 충분히 우리는 더욱 발전적이며 따뜻한 SNS 세상을 만들수 있다.

하루에 모든 일상을 담을 수도 없으며, 종일 스마트폰을 붙들고 살 수는 없다. 모두가 바쁘고 정신없는 하루하루지만 내가 소통을 해야하며 또, 소통을 할 수 있는 그 순간에는 상대에 대한 진심어린 마음과 감사하는 태도로 글과 사진을 통해 마음을 다해야 한다.

경계가 무너진 오프라인에서도 같은 이미지 연결로 서로에게 신뢰를 주는 것까지 이어질 수 있다면 우리는 스마트한 사회에 따뜻하고 진실된 커뮤니케이션 리더가 될 수 있을 것이다.

남을 의식하지 않으면서 내 자신을 온전하게 드러내 보자. 호감도를 증폭시키는 것은 초연결자가 되기 위한 필수적인 조건이다.

29

나만의 희소성 가지기

인간의 욕망은 무한하나 이를 충족시켜줄 재화나 자원은 한정되어있어 있기 때문에 손에 넣기가 쉽지 않다. 그래서 사람들은 꼭 필요하지도 않으면서 희귀한 것을 보면 갖고 싶은 충동을 느낀다. "다 팔고 딱 하나 남았습니다."라는 소리에 갑자기 마음이 급해지고 "아직 어디에도 보도되지 않은 최신 정보로 고객님에게만 살짝 알려드리겠습니다"라는 갑자기 신경을 곤두세운다.

희소성은 상대적인 개념으로 지구상에 아무리 소량이 존재하는 자원이라도 찾는 사람이 없으면 희소성이 없는 반면에 세상에 아무리 많이 존재하더라도 찾는 사람이 많으면 희소성을 가지게 된다. 다이아몬드가 없어도 살아가는데 아무런 문제가 없지만 물이 없으면 생명을 유지할 수 없기 때문에 물의 가치가 다이아몬드보다 커야 한다. 그러함에도 불구하고 물은 거의 공짜로 얻을 수 있지만 다이아몬드는 거액을 들여야 살 수 있다. 다이몬드가 물보다 희소성이 높기 때문이다.

63빌딩 꼭대기 층에 자리 잡고 있는 스카이 레스토랑이 주택가 근처에 자리 잡고 있는 일반 레스토랑 보다 값이 더 비싼 이유도 일반 레스토랑에서 볼 수 없는 멋진 경치를 제공함으로써 보다 높은 희소성을 지니고 있기 때문이다.

재화뿐만 아니라 재능과 사람 또한 마찬가지다. 희소한 재능과 사람은 칭송받기 마련이다. 특히 초연결자가 되기 위해서는 나만의 '존재의 희소성'을 가지는 것이 좋다. 희소성의 원칙에서는 흔히 알다시피 수요는 많은데 공급이 한정되어야 한다.

그렇다고 해서 공급만 한정되어서는 안 된다.

기업들은 희소성을 이용하여 자신의 이윤을 극대화 하고자 하는 전략들 구사한다. 남들이 만들지 못하는 제품을 만들거나 필요한 경우 위험을 무릅쓰고 남이 가보지 못한 새로운 길을 찾아 나선다. 소니의 워크맨이나 CD플레이어가 좋은 예이다. 독창적인 기획력과 과감한 R&D투자로 새로운 시장을 열어 희소성을 이용한 이윤 극대화를 꾀할 수 있었다.

마케팅 기법중의 하나인 차별화 전략도 결국은 경쟁사와의 차별화를 통해 자사제품이 일반 범용제품이 아닌, 독특한 가치를 지닌 제품임을 부각 시키기 위한 전략이다. 이러한 차별화로 경쟁우위는 물론, 고가 전략을 통한 부가가치를 끌어 올릴 수 있다.

4차 산업혁명 시대에서는 물적 자원 못지않게 각 분야에 걸쳐 중요 핵심인력의 희소성이 갈수록 크게 부각되게 된다. 5% 핵심인재가 95%를 책임지는 새로운 패러다임의 변화는 핵심 인재의 확보가 기업의 사활을 좌우하는 중요한 문제로 대두 되게 된다. 이러한 핵심 인재, 즉 희소성을 지닌 인재가 되기 위해서는 무엇보다도 스스로 자신만의 브랜드를 키워야 한다.

희소성이 성립되려면 2가지 요건이 있다.

1. 유용하고 가치가 있는 서비스나 재화일 것.
2. 사람들이 원하는 욕망에 비해서 공급되는 양이 적을 것.

이 2가지 요건을 성립해야만 희소성의 법칙이 성립하는 것이다. 나 또한 이 2가지 요건에 맞춰서 내 자신의 브랜딩을 키워갔다.

금융이라는 서비스에 사람들이 원하는 금융인은 어떤 사람인지에 항상 집중하여 움직였다. 결국 난 희소성의 법칙에 따라 대체할 수 없는 유일한 브랜딩이 되었으며 남들과의 연결 또한 이러한 점을 염두에 두어 나만의 only one 가치를 키워나가고 있다.

인생에서 무엇인가 이루고 싶다면 내가 아니면 안 되는 이유를 나만의 희소성을 반드시 만들어야 한다.

THE
ONLY
ONE

30

더 인간적이어라

그 무엇보다도 발전된 시대인 현재, 2018년 트렌드 키워드 중 하나가 바로 '휴머니즘'이라는 것이 밝혀지면서 많은 사람들의 놀라움을 자아내고 있다.

4차 산업혁명 시대에는 감성에 포인트를 맞추어야 일자리가 있다. 아마 다가오는 2, 3년 안에 대부분의 사무직 일자리는 급속하게 줄어들고 좌뇌가 하는 일의 대부분은 퇴출당할 것으로 말하고 있다. 대신, 우뇌가 하는 감성, 감정, 감각 관련된 부분은 그대로 산업이 된다는 것이다. 기술이 발달할수록 원래의 인간, 인간다운 인간, 인간미, 인간성, 본성, 마음, 영혼, 사랑, 평화, 믿음, 경건, 정직, 정의를 더 갈망하고 추구하게 될 것이다.

절대 기계가 대체할 수 없는 부분이 바로 '휴머니즘'이다.
인간블록체인, 즉 슈퍼커넥터가 되기 위해서도 마찬가지다.

'사람은 절대 완벽한 기계가 아니다.'

감정적이면서도 감각적인 나만의 감성이 있어야 한다. 작금의 시대는 혼자에 너무 익숙해진 나머지 이제는 누군가와 관계 맺는 게 어려워진 우리에게, 능력을 짜내어 살아남기에 급급한 나머지 자신 외에는 돌아볼 틈이 없었던 우리에게, '사람됨의 가치'를 알려주는 그 무엇인가가 권위를 가진다.

도움을 청하면 기꺼이 손을 내밀어주는 사람, 오랜만에 봐도 어제 만났던 것 같은 사람, 갈등이 생겨도 아주 멀어지지는 않는 사람, 인생에서 진짜 내 사람이라고 할 만한 사람이 몇 명인가?

"돈을 남기면 하수, 업적을 남기면 중수, 사람을 남기면 고수"라는 말이 있다. 돈을 버는 것보다 더 어려운 게 사람을 남기는 일이다. 주변에 진짜 내 사람이 많을수록 행복하고 성공한 인생이다. 그러나 핵가족과 개인주의의 영향으로 '혼자'가 익숙해지면서, 어떻게 남과 관계를 맺어야 하는지 방법을 모르는 이들이 많다.

나를 실제로 만나는 사람들은 온라인상에서 보는 거랑 다르다는 말을 많이 듣는다. 나는 온라인상에서 보이는 완벽함과 프로페셔널함과 또 다르게 에너지 넘치면서 푼수 같은 면도 가지고 있다.

오히려 너무 완벽한 모습보다는 인간적인 면모를 보여주는 게 더 매력적이면서도 요즘 시대에 훨씬 잘 먹힌다. 특히나 남과의 연결을 위해서라면 휴머니즘은 필수이다.

'더욱 더 인간적이고 감성적이어라.'

그래야만 다가오는 미래에 나만의 포지션을 굳건히 만들어나갈 수 있다.

최유진의 Tip 인간미 있는 사람이 되기 위한 습관

1. 자신이 미숙한 존재임을 늘 인정한다.
2. 먼저 말을 걸고 눈을 먼저 맞춘다.
3. 상대방의 결점을 개성으로 바라본다.
4. 멀어져도 인연을 끊지 않는다.
5. 악연의 의미를 깊이 생각한다.
6. 나 자신을 희생하여 타인을 띄워준다.

31 모두가 이로운 세상 만들기 WIN-WIN

투자의 세계는 제로섬이 있다. 누군가 이기면 누군가는 지는 싸움이다. 그래서 다들 망설여진다. 달콤한 수익도 있지만 리스크 관리가 되지 않았을 때는 손실도 막심하기 때문이다.

하지만 모두가 WIN-WIN하는 비즈니스가 있다면 하지 않을 이유가 없다. '인간블록체인'에서는 가능한 일이다.

나는 실제로 연결시켜준 곳에 그만한 댓가를 제공받고 또 제대로 된 인맥과 지식을 연결해주었을 때는 나의 신뢰도가 더욱 높아진다. 높아진 신뢰도는 또 다른 일과 기회를 제공해주기도 하고 나만의 확실한 팬들이 생겨 영향력이 있는 사람이 되는 길이기도 하다.

또한 연결 받은 업체는 나의 신뢰도를 통하여 이 많은 정보의 홍수

속에 제대로 된 옥석 같은 업체를 발굴할 수가 있고 시간 동안 상당 부분 전달할 수 있다.

내가 연결해준 업체나 또 다른 사람은 자기업체의 수익이 되니 이렇게 서로 WIN-WIN이 되는 일이 또 있을까?

32 인간블록체인의 시간관리법

칼 같이 계획을 세우고 시간을 지키며 분주하게 살았는데도 한 달을 돌아볼 때 목표를 달성하지 못했다면 왠지 시간관리에 실패한 것 같은 느낌이 드는 이유는 무엇일까? 바쁘게 살았지만 달성해 놓은 게 없기 때문이다. 결국 목표관리의 실패다. 보통 사람들이 시간관리에 실패하는 이유는 크게 3가지가 있다.

1. 너무 높은 목표
2. 이유 없는 행동
3. 너무 빠른 포기

증권회사나 은행처럼 출퇴근 시간이 정해져 있는 회사원으로 지냈을 땐 프리랜서, 디지털 노마드로 일하는 사람이 멋있어 보인 적이 있다. 막상 내가 자유롭게 일하게 되니, 프리랜서는 시간 관리에 더 철저해야 하고 주어진 마감에 맞춰 일정을 관리하고 많은 경쟁자와 겨뤄 살아남아야 하므로 더 열심히 일해야 한다.

프리랜서로 제대로 일하기 위한 규칙은 어렵지만 나의 원칙은 다음과 같다.

1. 나의 경쟁력은 내가 키운다. 누가 시키지 않아도 전문 분야에 대한 공부는 필수!
2. 프리랜서는 스스로가 곧 브랜드다. 능력 있고 매력 있는 나를 위해 자기 계발에 필요한 돈을 아까워하지 말 것
3. 혼자 일을 하더라도 최신 이슈와 트렌드에 항상 귀를 열어 둘 것
4. 시간이 자유롭다 하더라도 일하는 시간과 쉬는 시간을 정해 놓은 자기만의 스케줄은 필수!

좋아하는 일을 할 시간은 언제든 있다.

올해가 시작된지 얼마나 많은 시간이 흘렀는가? 연초에 결심했던 일들 중 얼마나 많은 일을 이루었는가? 만약 단 하나도 이루지 못했다면, 아직 시작조차 하지 않았다면 그건 결심했던 목표들이

당신의 관심범위 밖에 있었기 때문이다.

언제나 할 일은 많고 누구나 시간은 없다. 일은 줄지 않고 끊임없이 쏟아진다. 그중에서 우리가 원하는 것들, 해야만 하는 일들이 있다면 그 일들을 우리의 '관심범위' 안에 두자. 어떤 일을 이루기 위한 간절함이란 관심범위와 우선순위를 얼마나 유지할 수 있느냐에 달려있다. 시간관리는 관심관리와 우선순위에서 시작된다.

시간관리를 하지 못하는 사람, 아니 하지 않는 사람들 중 상담을 해보면 대부분 '관리할 것이 없는' 경우가 많다. 바빠서라기 보다는 본인 스스로 '관리대상'과 '관심범위' 자체가 없는 즉, 인생의 목표 설정 자체가 제대로 되어 있지 않은 경우가 많다.

시간관리를 잘하는 사람들은 보통 충분히 고민한 후 결정을 내리지만 잘 못하는 사람은 결정을 내린 후 또 고민하고 고민하면서 비효율적으로 시간이 흘러버린다. 시간관리를 잘하는 사람은 미래 계획이 있고, 워라밸이 잘 되어 있는 경우가 많다.

애플의 CEO 팀쿡은 새벽 4시면 일어나서 메일을 보내고 헬스장으로 나가 아침 운동을 시작한다. 테슬라 CEO인 엘론 머스크는 주 100시간 업무를 하면서도 육아에 소홀하지 않는 가정적인 남자이다. 빌 게이츠는 분단위로 시간 계획을 세우며 업무에 집중하는 반면 건강한 수면과 좋은 아이디어를 위한 장시간의 휴식을 취하는 데도 시간을 아끼지 않는다. 페이스북 CEO인 마크 주커버그는 출퇴근에 허비하는 시간을 아끼기 위해 자신의 집을 회사 근처로 옮기고 일에 집중한다.

성공한 CEO의 하루는 일종의 시간과의 전쟁이고, 그들은 마치 평범한 사람들이 2~3일을 살 듯 하루 24시간을 활용한다. 하버드에서도 신입생의 첫 강의는 시간관리 수업으로 시작한다. 너무 진부한 이야기 같지만 '인간블록체인'이 되기 위해서 중요한 역할은 바로 시간관리다. 수많은 사람, 정보, 회사와 연결되면서 이 모든 것을 컨트롤 할 때는 시간관리가 정말 중요하다. 나 또한 가장 많이 받는 질문 중 하나가 "유진씨 시간관리 어떻게 하세요?" 이다.

현대 경영학의 아버지 피터 드러커가 ≪자기경영 노트≫에서 일을 잘하기 위한 5가지 방법 중에 맨 처음 제시한 것이 시간을 관리하는 방법이다. 왜냐하면 "시간은 남에게 빌릴 수도, 돈을 주고 살 수도, 저장해 두었다가 꺼낼 쓸 수도 없기 때문"이다.

하버드대학 출신으로 가장 성공한 기업가인 마이크로소프트의 빌 게이츠는 분 단위로 계획을 세워 시간 낭비를 줄이고 효율적으로 시간관리를 하는 것으로 유명하다. 1분 동안에도 많은 것을 할 수 있다는 것을 보여주며 시간의 소중함을 일깨운 프랭클린의 정신과 일맥상통하는 부분이다. 같은 하버드대학 출신의 페이스북 CEO 마크 저커버그는 심지어 옷 고르는 시간조차 아끼기 위해 매일 같은 옷을 입을 정도로 시간 낭비를 누구보다 경계하고 있다. 성공한 사람들의 공통점이기도 한 철저한 시간관리는 하버드대학이 가장 많은 CEO와 세계적인 인재를 배출해 낸 비결이라고 할 수 있다.

시간관리가 성공과 밀접한 관련이 있는 이유는 바로 목표 의식

때문이다. 하버드대학에서 목표가 인생에 미치는 영향에 관한 실험을 한 결과 목표가 뚜렷한 사람일수록 25년 뒤 눈에 띄는 성과를 거두고 사회적으로 영향력 있는 사람이 되었다. 하버드대학의 교수들은 성공과 목표는 동일하며 최단기간 내에 원하는 목표를 최대한 실현하는 것이 바로 시간관리의 목적이라고 말한다.

최유진의 Tip

생활 속에서 매일 매일 5~10분을 절약할 수 있는 방법이 있다.

1. 그날 입을 옷을 반드시 하루 전에 계획하라

다음 날 있을 회의, 약속, 미팅 등을 고려하여 반드시 옷과 액세서리를 미리 준비해 둔다. 어떤 미팅인가 누구와의 식사 약속인가 등을 고려하여 formal 또는 semi-formal 한 옷을 입을지 판단한다. 마지막으로 당일 아침에 일기예보를 보면서 최종 의사 결정을 하면 완벽하다! 이렇게 하면 바쁜 아침 시간을 5~10분을 절약할 수 있다. 아침에 여유가 생기면 하루가 여유롭다.

하루의 중요한 일들을 아침에 생각하고 일의 우선순위를 정하고, 전략을 세워 일정을 조율한다. 자투리 시간을 잘 활용하면 뜻밖의 성과를 얻을 수 있다.

2. 자기 전에 하루 체크하기!

내가 하루에 무엇을 했는지 확인해라. 세상 모든 사람에게 24시간만큼

평등하게 주어진 것은 없다. 그 소중한 선물을 잘 활용하기 위해서는 "오늘 한 일이 없네", "이번 주도 그냥 지나갔네"가 아닌 자기 전에 하루를 점검하고 오늘 하루 생산적이고 유익하게 보내지 못했다고 생각되면 자기 전에 침대에서 스마트폰으로 당장 몰랐던 시사용어 3가지 찾아보기나, 신문 기사 3가지 읽기, 포털사이트에 매일 매일 업데이트 되는 오늘의 외국어 회화 등을 살펴보라. 생각해보면 매일 수많은 정보들이 업데이트되고 쏟아지는데 정작 우리는 그런 것들을 흘려보내고 있다. 시간관리란 목표관리이며 하루 하루 이렇게 무언가 생산적으로 남기는 습관을 가지다 보면 한달, 3달, 1년 뒤 달라진 내 모습을 확인할 수 있을 것이다.

33

유리멘탈 관리법

이 책을 읽어오면서 공통적으로 든 생각이 있을 것이다. 이건 그래서 최유진 당신처럼 자존감이 상당히 높고 도전정신이 강하고 담대한 성향을 가진 사람만 가능한 것 아닌가? 절대 아니다. 그리고 이미 시대는 이런 영향력으로 승부하는 시대가 왔기 때문에 적어도 당신이 현재와 달라지고 개선되고 싶어서 이 책을 읽고 있다면 얻는 것이 있으면 포기하는 것이나 잃는 것도 있어야 한다는 점을 간과해서는 안된다.

바로 '멘탈관리'이다. 그렇다. '인간블록체인'이 되면 자연스럽게 웹상에서 오프라인상에서 권위와 영향력이 높아지면서 팬들도 생기고 안티팬들도 많이 생길 것이다. 대부분 이런 점들 때문에 두려워서 시대를 역행하거나 흐름에 따르지 못하는 사람들도 많다. 하지만 구더기 무서워서 장 못 담그랴? 현명하게 멘탈을 관리하면서 권위와 영향력을 누려라.

나는 늘 환경이나 주변 탓 남 탓을 잘 하지 않는다. 어릴 때 농어촌지역 출신이라서 서울처럼 문화적 비수혜지역이라서 유학을 못가고 고급 정보를 못 취하고 불이익을 본다는 그런 생각도 전혀 없었다. 나뿐만 아니라 멘탈이 강한 사람들의 특징이 처한 환경에 대해 한탄하거나 남들이 그들을 어떻게 대하는지에 대해 서운해하느라 황금 같은 시간을 그냥 흘려보내지 않는다. 삶이 항상 쉽거나 공정하지 않다는 것을 이해하고 인정해야한다.

두 번째로, 정신력을 낭비하지 않는다. 다른 사람에게 휘둘리지 않으며, 나 스스로도 남을 휘두르지 않는다. 스스로를 컨트롤 할 수 있어야 한다.

세 번째로, 변화가 두려워서 피하지 않는다. 불평을 하기 보다는 변화에서 긍정적인 면을 찾고, 그 변화가 좋은 변화든 좋지 않은 변화든 '경험'이라는 값진 자산을 얻었기 때문에 유연하게 대처할 방법을 찾는다. 변화는 피할 수 없는 것이고 늘 그 변화에 적응할 능력이 있다고 믿는다. 즉, 생활력이 강하다는 말이다.

네 번째로, 내가 컨트롤하지 못하는 일에 에너지를 낭비하지 않는다. 교통체증, 줄을 서는 시간, 자연재해 등에 대해서 불평하지 않는다. 대신 그 안에 할 수 있는 일을 찾는다. 내 스스로가 인생에서 컨트롤 가능한 것에 집중한다.

다섯 번째로, 남의 기분을 맞추는 것에 스트레스를 받지 않는다. 나는 항상 모든 사람들의 기분을 맞춰 줄 필요가 없다는 것을 안다. 나도 비즈니스를 하는 사람이라 늘 친절하고 공정하기 위해 노력하지만 다른 사람들이 예의를 갖추지 않으면 굳이 친절하게 대하지 않는다. 눈에는 눈 이에는 이라는 마인드다.

여섯 번째로, 예상된 문제점을 피하지 않는다. 무모하거나 어리석은 위험에 뛰어들지는 말자. 그러나 이미 예측된 위험을 감수하는 것은 마다하지 않는다. 정신적으로 강한 사람들은 대게 큰 결정을 내리기 전에 위험과 이익을 재보는데 시간을 쓴다. 여러분들도 막연히 '나는 그런 사람이 아니야', '두려워, 못하겠어' 라는 말이 앞서기 보다는 현명하게 정성적, 정량적으로 위험과 이익을 재보는데 시간을 먼저 써보라. 더 이상 변화나 위험과 도전이 두렵지 않을 것이다.

또, 과거에 머무르지 않아야 한다. 종종 주변에서 '예전에 내가 말이지', '나 이런 사람이었어~' 등등 과거에 얽매여서 과거형 화법으로 대화를 하는 사람들이 있다. 멘탈이 강한 사람은 지나간 시간 속에 머물면서 그 때 일이 달랐으면 좋았을텐데 하면서 시간을 허비하지 않는다. 과거를 인정하고 그것으로부터 어떤 교훈을 얻으려고 한다. 현재를 살면서 미래를 계획해야 한다.

다른 사람의 성공을 보고 억울하거나 샘내하지 마라. 멘탈이 강한 사람들은 다른 사람들이 인생에서 거둔 성공을 축하하고 인정할 줄 안다. 아마 우리나라 사람들에게 이 부분이 가장 어려운 부분일 것이다. 나는 살면서 경쟁자나 라이벌이 없었다. 내 스스로가 잘났다는 것이 아니라 다른 사람들이 나를 뛰어 넘는 성공을 늘 거둘 때, 질투나 배신감 따위는 키우지 않고 대신 그들이 열심히 노력한 결과 성공하게 된 것이라고 인정하고 나의 성공을 위한 기회를 찾기 위해서 늘 열심히 달려왔다. 남과 비교하지 마라. 내 스스로의 성공의 기회에 집중해라.

여러 번 실패해도 절대 포기하지 마라. 실패를 포기의 이유로 봐서는 안 된다. 성장과 개선을 위한 기회로 실패를 이용해야한다. 바르게 해낼 때까지 계속 시도해야한다.

많은 사람들이 공감하지 못할 수도 있겠지만 사실 나는 굉장한 '집순이' 이다. 하지만 혼자 있는 시간도 절대로 낭비하지 않는다. 홀로 있는 것을 견뎌내며 침묵을 두려워 하지않고 정체된 시간을 무의미하게 낭비하지 않으며 생산적으로 이용한다. 나는 홀로 있는 시간을 즐기며 홀로 있으면서도 늘 행복하다.

최유진의 Tip

내가 셀프 멘탈관리를 할 때 많은 도움을 받았던 몇 가지 글귀를 소개한다. 여러분들도 삶이 지치고 고단할 때 참고해서 보면 잡념과 번뇌가 사라질 것이다.

'세상에 비방만 받고, 칭찬만 받는 사람은 지난날에도 없었고 지금도 없으며, 앞으로도 없을 것이다.'

'고통이 너를 붙잡고 있는 것은 아니다. 네가 그 고통을 붙잡고 있는 것이다.'

'전투에서 이기는 것보다 자신과의 싸움에서 이기는 것이 훨씬 값지다. 전투에서 지금 이겼다 하더라도 언젠가는 질지 모르나 자신과의 싸움에서 이긴 사람은 영원히 승리하기 때문이다.'

'이 세상에서 원한은 원한에 의해서는 결코 사라지지 않는다. 원한을 버릴 때에만 사라지나니 이것은 변치 않을 영원한 진리다.'

'나보다 나을 것이 없고 내게 알맞은 벗이 없거든 차라리 혼자 착하기를 지켜라. 어리석은 사람의 길동무가 되지 말라.'

Epilogue

살아남으려면 '인간블록체인'이 되어야 한다!

『클라우스 슈밥의 제4차 산업혁명』에서 미래형 인재에게 필요한 네 가지 지능을 아래와 같이 언급했다.

1. Contextual(the mind) : 나의 지식을 상황과 연결하고 결론을 도출하는 능력, 상황 맥락 지능.
2. Emotional(the heart) : 타인과 관계 맺는 정서 지능.
3. Inspired(the soul) : 변화를 이끌고 공동의 이익을 꾀하는 영감 지능.
4. Physical(the body) : 변화에 필요한 에너지를 생성할 수 있는 신체 지능.(참고 : 『클라우스 슈밥의 제4차 산업혁명』, 클라우스 슈밥 저, 새로운현재, 2016.)

미래형 인재에게 필요한 정서 지능, 영감 지능, 신체 지능, 상황 맥락 지능을 갖춘 인재가 되는 것은 생각보다 어렵지 않다. 사실 우리가 이미 하고 있는 일인지도 모른다.

상황 맥락 지능은 '새로운 동향을 예측하고 단편적인 사실에서 결과를 도출해 내는 능력과 자발성'이다. 나는 학교나 프로그램

등을 통해 남들보다 먼저 얻은 정보와 트렌드를 공유하며 상황 맥락 지능을 높일 것이다. 정서 지능은 '생각과 감정을 정리하고 결합해 자기 자신 및 타인과 관계를 맺는 능력'이다. 정서 지능을 높이기 위해 앞으로도 꾸준히 플랫폼을 발굴하고, 학생·취업 준비생·사회 초년생들과 정보를 공유해 연결하기 위해 노력할 것이다.

영감 지능은 '의미와 목적에 대해 끊임없이 탐구하는 능력'이다. 나는 궁극적으로 외국에 한국을 제대로 알리고 세계와 한국을 연결하고 싶다. 그러기 위해 내 분야에 대해 더 깊이 공부하고 전문가가 될 것이다. 체력 관리와 신체 지능도 중요하다. 나는 하루 1시간 나만의 시간을 가지며 스트레스가 쌓이지 않도록 관리하고 있다.

이 책을 읽는 여러분도 예측할 수 없는 미래에 대비해 도전하는 용기를 내보길 바란다. 이 책의 내용이 도움 된다는 사람도 있고, 별 내용 없다고 말하는 사람도 있을 것이다. 독자가 이 책을 읽고 난 후 이 책에서 소개한 플랫폼 중 하나라도 들어가 보는 것만으로도 나는 충분히 성공했다고 생각한다. 바로 행동으로 옮기는 실행력은 큰 차이를 불러온다.